Y Meini
Llafar

Cyflwynedig i holl Blant y Bont
ddoe a heddiw – ac yfory (os bydd un)

Y Meini Llafar

LYN EBENEZER

Argraffiad cyntaf: 2017

Dymuna'r cyhoeddwyr gydnabod cymorth ariannol
Cyngor Llyfrau Cymru

Llun y clawr: Iestyn Hughes
Cynllun y clawr: Y Lolfa

Rhif Llyfr Rhyngwladol: 978 1 78461 419 5

Cyhoeddwyd, rhwymwyd ac argraffwyd yng Nghymru gan
Y Lolfa Cyf., Talybont, Ceredigion SY24 5HE
gwefan www.ylolfa.com
e-bost ylolfa@ylolfa.com
ffôn 01970 832 304
ffacs 832 782

Oherwydd y garreg a lefa o'r mur...

Habacuc 2:11

Cyflwyniad

YN UNO DWY ochr pentre Pontrhydfendigaid, lle'm ganwyd a lle ces fy magu, saif hen bont gefngrwca ar draws afon Teifi. Hon yw Pont Rhydfendigaid a godwyd ganol y ddeunawfed ganrif. Fe'i molwyd ac fe'i gwawdiwyd yn ei thro gan Edward Richard, Ystrad Meurig, mewn dwy fugeilgerdd wahanol. Dywed yn ganmoliaethus yn ei gân gyntaf:

Am Bont Rhyd-fendiged mae sôn mawr a synied,
Ar fyr cewch ei gweled mor dambed â'r dydd,
Fel castell gwyn amlwg, goreulan i'r golwg,
Neu gadwyn i fwnwg afonydd.

Gwna'r pentre' mwyn serchog, tros fyth yn gyfoethog,
Wrth ddwyn yr ariannog yn llwythog i'r lle;
A phan elo'n athrist heb ddim yn ei ddwygist,
Hi helpa'r dyn didrist fynd adref.

Flwyddyn yn ddiweddarach, a'r bardd wedi'i ddadrithio gan yr hyn a ddeilliodd o'r cynlluniau cawn ddarlun tra gwahanol:

Mae'n fingul, mae'n fongam, mae'n wargul, mae'n wyrgam,
Mae llwybr diadlam anhylam yn hon,
Ni welwyd un ellyll, na bwbach mor erchyll,
Erioed yn traws sefyll tros afon.

Er sŵn ofer ddynion anallu a'u penillion,
Yn canmol cymdeithion a'r haelion ŵyr hy,
Rwy beunydd yn clywed am Bont Rhyd-fendiged
Mor amled ochenaid â chanu.

7

Adeiladwyd y bont i olynu hen bont bren a godwyd ger y Rhyd Fendigaid i gadw traed sandalog pererinion yn sych ar eu ffordd i Abaty Ystrad Fflur, filltir i ffwrdd. Y rhyd hon a roes i'r pentre ei enw, ac fe wnaeth dyfodiad y bont ymestyn yr enw i'w ffurf ddiweddarach. Afon Teifi sy'n gwahanu'r ddau blwyf, sef Caron Uwch Clawdd a Gwnnws Uchaf, a'r bont, wrth gwrs, sy'n eu cysylltu.

Doedd dyddiad adeiladu'r bont ddim yn hysbys. Y gred gyffredinol oedd iddi gael ei chodi ym Mlwyddyn y Tair Caib, sef 1777. Ond diolch i ymchwil a wnaed yn ddiweddar gan un o fechgyn y pentre, y Dr Terence Williams, llwyddodd i osod dyddiad pendant i'r gorchwyl, sef 1760. Fe'i codwyd gan Siôn Ifan o Ystrad ar gost o £126. Credir iddi gael ei lledu neu hyd yn oed ei hailgodi yn 1810. Yn 1821 fe'i hailwampiwyd gan wastoti ychydig ar y crwb. Ac yna, yn nhridegau'r ganrif ddiwethaf fe'i gwastotwyd ychydig eto ar gyfer hwyluso teithiau'r siarabangs yn cludo teithwyr i Fynachlog Ystrad Fflur.

Ar ddechrau'r 1980au bu'r hen bont mewn perygl o gael ei dymchwel yn llwyr a'i disodli gan bont wastad. Teimlwyd ei bod hi'n anaddas ar gyfer gofynion trafnidiaeth gyflymach a thrymach yr oes. Mewn geiriau eraill, teimlid ei bod hi'n beryglus i yrwyr ac i gerddwyr a heb fod yn ddigon cryf i gynnal pwysau cerbydau mawr ein cyfnod ni. Mewn gwirionedd gwelid hi fel anacroniaeth yn ein hoes fodern ni. Dadl y rheiny dros ei chadw oedd pwysigrwydd ei hynafiaeth a bod ei natur gul a chrwca yn fodd naturiol o arafu cyflymdra'r drafnidiaeth. Yn y pen draw, o ganlyniad i brinder cyllid yn hytrach nag unrhyw ymdeimlad o bwysigrwydd hanesyddol na sentiment, bodlonwyd ar ei hatgyfnerthu a gwastoti rhyw fymryn yn rhagor ar y crwmp. Awgrym diweddar yw bod angen codi pont gerdded ochr yn ochr â hi. Cawn weld a ddaw'r cynllun hwnnw i fwcwl.

Nodwedd arbennig o'r bont yw'r cannoedd o gerfiadau sydd ar wynebau amryw o'r cerrig canllaw, y rheiny ar ffurf llythrennau cynta enwau'r cerfwyr. Fel atodiad i'r mwyafrif o'r arysgrifau cofnodwyd yn ogystal ddyddiad y flwyddyn y'u cerfiwyd.

Byddai'r hen bont yn fan cyfarfod, yn lle naturiol i bentrefwyr oedi am sgwrs, rhai'n pwyso yn erbyn y wal tra byddai eraill mwy mentrus yn eistedd ar y canllaw. Dau fan cyfarfod arall fyddai'r ddau sgwâr sydd wedi'u lleoli yn naill ben y pentre a'r llall. Roedd y bont yn fangre ddelfrydol i'r rheiny a fyddai am oedi am hoe ac i adael eu marc drwy gerfio arni gofnod personol. Gwnaed hynny gan rai am nad oedd ganddynt ddim byd gwell i'w wneud. I eraill, byddai hyn yn ddull o gyhoeddi eu presenoldeb. Cyllell boced fyddai'r erfyn a ddefnyddid yn ddieithriad ar gyfer y gorchwyl hwn o naddu. Fe wna'r arysgrifau atgoffa rhywun o'r hen sgript Ogam, enw sy'n tarddu o'r gair Gwyddeleg am flaen erfyn main. Er y gellid disgrifio ambell gerfiad ar y bont hon yn fwy fel igam ogam, yn hytrach nag Ogam.

Fydd neb ers degawdau bellach yn ymgasglu ar y bont i sgwrsio, heb sôn am naddu enwau ar y meini. Yn un peth mae rhai o'r lorïau modern mor llydan a thrwm fel y byddai oedi ar y bont yn anodd ac yn wir yn beryglus. Yn ail, fydd plant nac oedolion ddim yn ymgasglu bellach i gymdeithasu mewn mannau canolog fel ar sgwâr neu ar bont. Yn wir, ddim yn unlle. Disodlwyd yr arferiad hwn gan y teclyn bach hwnnw a fedr gofnodi ac anfon sylwadau neu negeseuon mewn eiliad. Yn syml, collwyd yr arferiad o sgwrsio pen ffordd. Yn drydydd, fydd neb yn meddwl am gerfio enw ar faen nac ar bren heddiw, gan nad oes fawr neb yn cario cyllell boced. Ddim ar berwyl diniwed, o leiaf. Gynt byddai'r teclyn hwnnw'n arf hanfodol ym mhoced pob plentyn, llanc neu oedolyn cefn gwlad. Bryd hynny, doedd dim unrhyw arwyddocâd sinistr mewn cario cyllell boced. Cariai Nhad un, felly hefyd fy mrodyr a minnau a'm ffrindiau oll.

Bu'r hen bont yn rhan o'm bywyd i erioed. Fe'i croeswn hi'n ddyddiol ar droed ar fy ffordd i'r ysgol a saif ar y bryn uwchlaw'r pentre. Bu'n gymaint rhan o'm bywyd â'r ysgol ei hun, lawn gymaint â'r capel a'r festri, hen neuadd y pentre, y siop a gweithdy'r crydd. Yn wir, mae hi'n rhan annatod o orffennol holl drigolion cynhenid y pentre, yn enwedig y rheiny sydd wedi croesi oed yr addewid.

Aeth dros chwarter canrif heibio ers i fi fynd ati i gofnodi fy hunangofiant, *Cae Marged*, ac fe wnaeth amryw fy annog i ddiweddaru'r hanes hwnnw. Yn 2002 cyhoeddais *Cofion Cynnes*, sef casgliad o bortreadau o gymeriadau a fu â rhan yn fy mywyd. Anogwyd fi i barhau ymhellach â'r atgofion. Cymhellwyd fi'n bennaf gan Lefi Gruffydd o wasg Y Lolfa ac Alun Jones, golygydd y wasg honno. Diolch i'r ddau am eu ffydd. Y canlyniad yw *Y Meini Llafar*. Enillodd fersiynau cynharach dau o'r portreadau Fedal Ryddiaith Steddfod Llanbed i mi yn 2012.

Pont y pentre, neu'n hytrach y crafiadau a adawyd ar ganllaw'r bont honno dros y blynyddoedd, sy'n fy nghysylltu i â'r cymeriadau a bortreadaf. Ond ni ddylid ystyried y gyfrol hon fel un sy'n portreadu cymeriadau unigol. Mae'r rhai a bortreadir yn perthyn i gymdeithas gyfan sydd wedi diflannu, a hynny o fewn y tri chwarter canrif diwethaf.

Ar gof mae lleoliadau'r mwyafrif mawr o'r olion y cyfeiriaf atynt. Euthum ati, flynyddoedd yn ôl, i ddechrau cofnodi rhai o'r llythrennau ar bapur fesul maen cyn y byddent wedi diflannu'n llwyr. Yn anffodus, diflannodd y nodiadau hynny erbyn hyn. Un peth sy'n gyffredin rhwng yr holl gymeriadau yw eu bod oll wedi croesi'r bont olaf ddi-droi'n-ôl.

Petawn i heddiw felly yn ceisio canfod rhai o'r olion penodol y cyfeiriaf atynt, byddai'n dasg anodd iawn gwneud hynny. Yn wir, amhosib yn achos rhai. Ond maen nhw yno, neu o leiaf fe fuont yno. Mae hanes y cymeriadau a adawodd eu marc yn ffeithiol wir. Gadawsant eu marc ar y bont ac yn ddwfn ar fy nghof innau.

Yma ym Mhontrhydfendigaid mae'r afon yn dal i lifo. Ac mae meini'r hen bont yn dal i lefaru, er dim ond i'r rhai sy'n deall eu hiaith ac sy'n barod i wrando. A phrinhau mae'r rheiny.

Lyn Ebenezer
2017

Lloergan

Lleuad yn olau,
Plant bach yn chwarae,
Lladron yn dŵad
Gan wau sanau.

Hen rigwm

MAE HI'N OLAU heno fel canol dydd, er ei bod hi'n nes at ganol nos. Uwch ysgwydd Pen-y-bannau mae'r lleuad yn belen welw, gron tra bod ei gefaill yn syllu arna i o wyneb rhychiog y Pwll Du. Rwy'n pwyso ar ganllaw dwyreiniol y bont. Os sbïa i fyny, ac yna i lawr dros y canllaw, fe alla i weld y ddwy yn glir. Dwy leuad. Mae'r naill yn falŵn melyn sy'n hwylio'n rhydd fyny fry ym mharti gorffwyll y ser. Mae'r llall yn gryndod ysgafn o arian byw ar wyneb y cerrynt.

Ie, dwy leuad yn olau, ond dim plant bach yn chwarae. Mae'r plant a phlant eu plant wedi hen dyfu a gadael, amryw ohonyn nhw wedi ffarwelio am byth. Ac am y lladron, does dim ond un lleidr, sef Amser. Ac nid gwau sanau wna hwnnw ond ceisio dwyn fy ngorffennol oddi arna i. Ond fe wna'r atgofion barhau tra pery'r marciau a adawyd yma ar y cerrig canllaw dros y blynyddoedd gan rai a fu yma.

Mae hi'n ddigon golau heno i fi weld rhai o'r rhigolau a grafwyd ar wynebau llyfn y meini dros gwrs y blynyddoedd. Dim rhyfedd, gan ei bod hi'n gyfnod Lleuad Naw Nos Olau. Lleuad Fedi, medd rhai. Lleuad Sypynno fyddai disgrifiad Nhad. Yn ystod y cyfnod hwn byddai'n ddigon golau i ffermwyr fod allan yn cywain ŷd tan oriau mân y bore.

Mae hi'n noson loergan. Ond hyd yn oed petai hi'n noson

11

mor dywyll â bol buwch, fe allwn ddilyn y crafiadau ar hyd
wynebau'r cerrig canllaw. Fel y dall, gallwn eu darllen drwy'r
llygaid sydd ar flaenau fy mysedd. Mae'r cerfiadau, fel marciau
breil, yn pantio wynebau'r cerrig canllaw, yn ysgythriadau
ceugrwm sy'n gerwino arwynebedd llyfn y meini.

Yn blant, yma ar ben y bont fyddai un o'n mannau cyfarfod
ni. Yma y gwrandawem yn gegrwth ar atgofion pobl hŷn, eu
heriau, eu rhyfygiadau a'u rhegfeydd. Yn eu plith byddai rhai
oedd wedi dychwelyd wedi cyfnod yn gweithio yn y Sowth
mewn dyddiau main. Rhwng atalnodau eu pesychu a'u poeri,
llithrai adlais o dafodiaith Cwm Afan i fritho'u hymadroddion.
Byddai eraill wedi bod yn Ffrainc, ambell un yn wir â phrofiad
deublyg o lafurio mewn ffas a chysgodi mewn ffos. Byddai
eraill nôl ar wyliau o'u busnesau gwerthu llaeth a'u siopau
cornel stryd yn Llundain, eu sgyrsiau'n frith o Saesneg y Cocni.
Iddynt oll, lleol ac alltud, yma oedd 'adre'.

Ar y bont ac o tani y deuem yn blant i chwarae sowldiwrs.
I ni, hon oedd Pont Arnhem. Hon oedd Pont Afon Kwai. Hon
oedd ein pont ni. O dan y bont y cuddiai'r Jyrmans a'r Japs.
Yn y llwyni ar lannau ein Rio Grande y swatiai'r Indians â'u
bwâu saeth o wialenni a chortyn main wrth geisio amddiffyn
eu hunain rhag y Cowbois â'u gynnau brigau cyll. Yn anffodus,
roedd pawb am fod yn Gowbois. Gorfodid y plant llai felly i fod
yn Indians. Y cryfion bob amser sy'n creu'r rheolau.

Y bont fyddai'n gwahanu'r ddwy garfan wrth i ni ddewis
timau ar gyfer chwarae ffwtbol ar iard yr ysgol. Doedd dim
angen dewis unigolion. Byddai'r bont yn rhaniad naturiol, un
a wnâi'r dewis yn hawdd.

'Rochor hyn yn erbyn rochor draw!'

Dyna fyddai'r alwad i'r gad. Hap enedigol neu ddaearyddol
wnâi benderfynu cyfansoddiad y timau. Yr ochr draw i rai
fyddai'r ochr hyn i ni. Ac i'r gwrthwyneb. Yr afon a'r bont wnâi
benderfynu pwy oedd 'Nhw' a phwy oedden 'Ni'. Cofiaf unwaith
blentyn yn brolio'n uchel, hwnnw'n amlwg wedi'i feithrin ar
fronnau'r Ysgol Sul,

'Ochor ni sy'n mynd i ennill! Mae Iesu Grist o'n hochor ni!'

John Meredith oedd y crwt hwnnw. Aeth ymlaen i fod yn gapten ar dîm pêl-droed y Bont ac yn ohebydd ar Radio Cymru. Ac yna'n flaenor yn ei gapel ym Mlaenpennal.

Yma y deuem yn ein harddegau cynnar i sefyll yn herfeiddiol ar gnwc y bont i enllibio gyrwyr y ceir wrth iddynt grwbanu heibio. Weithiau aem ati i gadw cyfrif o'r cerbydau a chofnodi eu rhifau cofrestru. Dyna'r hobi mwya di-fudd a fu erioed gan mai'r un cerbydau, i bob pwrpas, fyddai'n croesi'r bont o ddydd i ddydd. Eithriad fyddai gweld cerbyd dieithr. Wrth edrych yn ôl roedd casglu rhifau ceir mor ddibwrpas â gwylio porfa'n tyfu, gwylio paent yn sychu neu wylio'r afon yn llifo. Ond tyfu wna porfa, sychu wna paent a dal i lifo wna'r afon fel y gwna'r atgofion.

Yma ar gnwc y bont, ar fy meic rasio newydd lliw porffor – presant am basio wyth pwnc Lefel 'O' – y trewais yn erbyn Marged Huws. Chwarae teg i fi, roedd Marged yn cerdded ar ganol y ffordd. Yn ffodus ni anafwyd hi er i'w bag siopa chwydu ei gynnwys dros bobman. Pan glywodd Nhad am y digwyddiad teimlais gefn ei law ar fy ngwegil. Yn ysgafn. Mwy o anwes nag o slap.

Yma'n llanciau y deuem i gerfio'n hunaniaeth ar y cerrig mewn prif lythrennau gan ychwanegu dyddiadau. Yma y sleifiem yn y dirgel fesul un ac un i naddu ein datganiadau o ffyddlondeb fel 'LE-JJ 1963 XXX' o fewn siâp calon, arysgrif sydd, o graffu'n fanwl, i'w gweld yno o hyd. Mae gen i fantais; fe wn i'n union ble i edrych. Crafiadau anghelfydd fel rhain oedd hieroglyffics cyfrin ein tystiolaeth o serch, wedi'u cerfio pan na fyddai neb arall yn ein gwylio. Dyma'r llwon y bydden ni'n rhy swil i'w tyngu ar lafar. A Saesneg fyddai geiriau cariad.

Ar ochr orllewinol y bont, wrth ymyl iard y Red Lion tyfai coeden sycamor nobl. Ymestynnai ei changau uwchlaw stablau'r dafarn ac ar draws y bont yn ganopi cysgodol. Bob hydref disgynnai ei dail yn gawodydd brown ar wyneb y dŵr cyn cael eu cipio a'u dwyn i ebargofiant gan lifeiriant yr afon. Hon i ni oedd Coeden Sacheus, y pren a ddringodd y casglwr trethi bychan a fynnai weld yr Iesu'n gliriach. Clywsem amdano

13

yn nosbarth Richard Rees yn Ysgol Sul y plant. Cwympwyd y
goeden gysgodol yn enw iechyd a diogelwch. Dymchwelwyd y
stablau hefyd. Cofnodi presenoldeb wna'r mwyafrif mawr o'r crafiadau.
Rhyw gyhoeddi datganiad o fodolaeth. Arwydd o berthyn.
Nodi bod y cerfiwr wedi bod yma ar ryw adeg benodol ac wedi
gadael tystiolaeth o hynny. Cyhoeddi her, hwyrach.
'Rwy'n perthyn.' Neu 'fe fues i yma.'
Ac yma maen nhw o hyd, y cerfiadau, er nad oes fawr
neb o'r cerfwyr ar ôl i'w cydnabod erbyn hyn. Fydd neb yn
cerfio'u cofnodion ar y bont bellach. Fu neb yn gwneud hynny
ers degawdau. Rhywbeth i'w chroesi yw'r bont erbyn hyn yn
hytrach na lle i loetran am glonc, neu fyfyrio wrth syllu ar y
dŵr a gwrando ar sibrydion ei fwrlwm. Pasio'n ddigyfarchiad
wna pawb heddiw. Dydi pobol ddim yn nabod ei gilydd bellach.
Ddim am nabod ei gilydd chwaith. Dieithriaid yw pawb. Iddynt
hwy, mudanod yw'r meini. Cyn hir fydd neb ar ôl fedr glywed,
heb sôn am ddeall eu hiaith.

Erbyn hyn mae amryw o'r llythrennau wedi hen bylu dan
forthwylio didostur glaw a chenllysg y blynyddoedd. Ymledodd
haen o gen llwydwyrdd i orchuddio eraill. Ond maen nhw yma.
O ydyn, maen nhw yma o hyd. Os llusga i fys ar hyd wynebau'r
cerrig fan hyn, fe alla i eu canfod nhw, eu teimlo nhw, eu darllen
a'u dehongli. Beth am i fi roi cynnig arni, ar hap? Fe redaf un
bys, Twm Swclyn fy llaw dde, yn ysgafn ar hyd y canllaw. Pwy,
tybed, ddaw i'r fei gyntaf ... ?

1

EJD 1940

TAIR LLYTHYREN. PEDWAR rhifolyn. Gwn yn dda pwy oedd
hwn a gofnododd ei bresenoldeb yma dri chwarter canrif yn
ôl. Mae'n anodd meddwl amdano fel Evan John Davies. Mae'n
enw rhy barchus ar un o bobl yr ymylon. I ni, Ianto John oedd
e, a drigai yn ei fwthyn unllawr gwyngalchog yng nghanol
Lisburne Row. Bythynnod gwerinwyr syml oedd y rhain ond
wedi etifeddu enw crand eu perchennog, Iarll Lisburne o Blas
y Trawsgoed.

Ie, Ianto John, hen lanc a oedd yn botsier, potiwr a smociwr
ymroddedig, coes ei getyn mor fyr fel y cyffyrddai ymyl y bowlen
bron iawn â blaen ei drwyn bwlbaidd. Yr unig droeon y tynnai'r
bib o'i geg fyddai pan gysgai neu pan ddrachtiai ei gwrw du o'i
drontol un-glust ym mar bach y Blac. Ar ôl drachtio, poerad
wedyn i lygad flamgoch y tân, a'r hisian isel yn dihuno'r ast
gan gadarnhau, petai angen, i Ianto hitio'i darged.

Petai ganddo rywbeth i'w ddweud, achlysur digon prin, bron
iawn na ddeuai'r geiriau pwyllog, stacato aton ni drwy goes
y bib ac yna allan gyda'r mwg. Smociai *Ringers Best* o Siop
Ifan Huws, baco digon cryf i dynnu dagrau i lygaid unrhyw
un a safai o fewn dwylath iddo. Bob tro y tynnai Ianto ar ei
bib, byddai tar y baco'n cratsian yn y bowlen fel sŵn cig moch
yn ffrïo neu sŵn weierles Dai Rogers pan ymyrrai'r tywydd ar
lifeiriant y tonfeddi.

Hoff ebychiad Ianto wrth dyngu llw fyddai, 'Tawn i'n aped y
farn!' 'Aped' oedd dull Ianto o ddweud 'ateb'. Fe wnâi lurgunio
geiriau yn aml. 'Wsnoth' oedd 'wythnos', 'houl' oedd 'haul' a

'miwn' oedd 'mewn'. Clywid ganddo hefyd 'pysefnoth' am 'pythefnos', 'gomrod' am 'gormod', 'cwiddyl' oedd 'cywilydd', a 'cafod' oedd 'cawod'. Aeth 'tyfu' yn 'tyddu', 'adarn' fyddai 'adar' a 'sgyfrennu' fyddai 'sgrifennu'.

Un bychan, pwt oedd e, cap stabal ar ei ben a phâr o sgidiau *Holdfast* trymion Jac Defi'r Crydd am ei draed. Byddai'r hoelion yn y gwadnau'n clindarddach ar wyneb y ffordd. Cerddai'n bwyllog, pob hirgam o dan reolaeth, yn union fel petai'n mesur ei daith fesul llathen. Pan fyddai'n mynd i ffair, marchnad, neu angladd fe newidiai'r sgidiau trymion am bâr ysgafnach ac ystwythach. Disgrifiai'r rheiny fel 'sgidie dal adarn'. Enw Twm Plas-y-Ddôl ar y fath sgidiau oedd 'brothel creepers', disgrifiad a oedd tu hwnt i'n dirnadaeth ni, blant.

Byddai gan Ianto ambell ymadrodd pert. Petai'r sgwrs yng ngweithdy'r crydd ar y sgwâr yn troi at rywun oedd yn gwaelu, fe wnâi Ianto borthi gyda ffregod fel,

'Tawn i'n aped y farn, ma'r wadden wedi hen winco arno fe, credwch chi fi. Fydd e ddim yn hir nes bydd 'i drâd e lan.'

Yna, plwc ar y bib a chwmwl o fwg yn codi a hofran uwch ei ben. Fe fyddai'r sgwrs yn siŵr o droi at ryw oferwr neu ddihiryn fyddai'n haeddu cerydd neu gosb. Adeg y rhyfel, byddai trafod mawr yng ngweithdy'r crydd ar dynged haeddiannol Hitler. Daeth ymateb Ianto'n rhan o chwedloniaeth bro.

'Ma hwnna'n haeddu merch y crydd fyny ei din hyd at y bumed garre. Odi, glei, tawn i'n aped y farn!'

Merch y crydd, wrth gwrs, oedd esgid. A'r gosb haeddiannol i Hitler, yn ôl Ianto, fyddai cic heger nes bod blaen yr esgid o'r golwg ym mhen ôl yr unben. Cosb ysgafn? Na, ddim os mai Ianto, yn ei sgidiau bob dydd, fyddai'n gweinyddu'r gosb.

Rhyw loetran o gwmpas y lle byddai Ianto. Os na fyddai'n dal pen rheswm yng ngweithdy Jac y Crydd fe'i ceid yn eistedd ar un o'r meini gwynion y tu allan i'r Post. Bu pump neu chwech o'r cerrig hynny yno unwaith yn rhes fel cilddannedd isaf cawr. Weithiau, brasgamai Ianto'r ddau can llath i ben y bont fan hyn. Ac o sicrhau ei hun fod yr afon yno o hyd ac yn dal i lifo, fe gerddai'n ôl wedi'i fodloni.

Doedd Ianto ddim yn ddiog, er na fedraf ei gofio erioed mewn gwaith rheolaidd. Rhyw labro'n ysbeidiol yma ac acw a wnâi. Hynny yw, troi at ambell i hobl i gadw'r blaidd o'r drws, a chael ei dalu mewn arian sychion. Poerad ar gledr ei law. Y gledr honno'n taro cledr llaw'r talwr. A phapur chweugain neu bunt yn newid dwylo. Un tro gwysiwyd Ianto i fynd i fyny i'r 'Lebor Ecstsienj' i Aberystwyth i gael adolygiad o'i sefyllfa waith. Cyngor y clerc oedd iddo ddod nôl yn y gwanwyn. Bu ymateb Ianto'n fyr ac i'r pwynt.

'Nôl yn y gwanwyn? Beth wyt ti'n feddwl ydw i, gwd boi? Blydi gwcw?'

Ni welid Ianto John byth heb ei gydymaith ffyddlon, sef yr ast ddu a gwyn yn trotian o'i ôl â'i chamau mân, ei thrwyn brin chwe modfedd o sawdl ei meistr fel petai ar dennyn anweledig. Yn wir, bu ganddo un ar hyd y blynyddoedd. Pan drengai un, cyrhaeddai olynydd o fewn dyddiau, pob un yn bictiwr o'i rhagflaenydd. Gwnâi i rywun feddwl fod yna ffatri ddirgel yn cynhyrchu Jac Rysels, rhywle rhwng Rhos Marchnant a Rhos Gelli Gron. Gast fyddai ganddo bob amser, a phob un yn ateb i'r enw Jess.

Mewn hen focs orenjys yn ei barlwr angladdol o dywyll cadwai Ianto ffuret slei, ei llygaid bach coch yn llosgi fel dwy wreichionen yn y gwyll. Rhwng honno, yr ast a'r milgi cyflenwai Ianto'r gymdogaeth â chwningod ac ambell sgwarnog. Adeg tymor samona fe'i gwelid yn crwydro glannau'r Teifi, ei lygaid crychydd cam yn cribinio'r dŵr. O weld eog yn claddu byddai'n ôl fin nos gyda'i ffagl a'i gaff. Ond roedd gan Ianto insiwrans da. Ei gyfaill agosaf oedd Rod Williams, a Rod oedd y ciper lleol.

Mae yna hen wireb Saesneg sy'n mynnu mai'r ciper gorau yw cyn botsier. Roedd hynny'n berffaith wir am Rod Williams. Un tal, main oedd Rod gyda thrwyn bachog. Yn wir, edrychai fel gaff. Buasai'n botsier di-ail am flynyddoedd nes iddo newid ochr. Ceid stori am Rod yn ffureta fyny yng nghyffiniau Cefn-gaer unwaith. Roedd y ffuret wedi'i chaethiwo yn y warin gan gorff cwningen farw, a Rod yn turio amdani â phâl. Wyddai Rod ddim bod y ciper yn gwylio'i holl symudiadau'n gyfrinachol ac amyneddgar o'r tu ôl i'r clawdd. Yn sydyn, neidiodd hwnnw ar Rod gan afael yn ei war. Camodd Rod yn ôl gam a hitio'r ciper ar draws ei ben â'r bâl. Yn wir, bu'r ciper, druan, yn anymwybodol am rai munudau. Adroddwyd yr hanesyn yng ngweithdy Jac y Crydd gyda blas y noson honno. A medde Ianto John.

'Myn cythrel i, Rod, o't ti siŵr o fod yn falch 'i weld e'n cwmpo!'

'O'n, glei', medde Rod, 'ond ro'n i'n falchach byth 'i weld e'n codi!'

Cadwai Rod filodfa o greaduriaid yn cynnwys milgi nerfus, dienw a chi tarw swrth o'r enw Leo. Gyda'i wep hurt, ymddangosai Leo fel petai'n cnoi cacynen rownd y rîl. Ar waelod Dôl Huwi cadwai Rod dair gafr yn ogystal â chychod gwenyn. Siariai ei gartref gyda Marged, ei chwaer barablus.

Yng Nglyn-awen drws nesa trigai Tanto a Mary Jones a'u hwyth o blant. O flaen y tŷ roedd chwe gris yn esgyn o'r llawr gwaelod, a oedd islaw lefel y stryd, fyny i'r llawr cynta, ac yna chwech arall i'r ail lawr. Pan ddringai'r plant y grisiau gwaelod a mynd allan i'r stryd, un ar ôl y llall ar eu ffordd i'r ysgol ben bore, atgoffent Rod, meddai, o'r coliers yn dringo allan o bwll glo Glyncorrwg ar ddiwedd y shifft gynnar. Y gwahaniaeth mwya oedd y byddai'r coliers yn ddu, ond byddai wynebau plant Glyn Awen wedi'u sgrwbio mor lân â wynebau ceriwbiaid.

Ffefryn Rod y ciper o blith y plant oedd Moc, cochyn parablus. Un min nos, â Rod a Moc yn eistedd ar eu gwahanol risiau cerrig ac yn sgwrsio dyma Rod yn digwydd gofyn,

'Beth sy gyda chi i swper heno, Morgan bach?'

A Moc yn ateb yn ddiniwed,

'Samonyn, Wncwl Rod. Fe ddalodd Dada fe nithwr dan geulan Dôl Cefengâr. Un mowr hefyd.'

A Tanto o dan y grisiau'n hisian yn ddigon uchel i'w fab ei glywed,

'Caua dy geg, y diawl bach! Sbarib! Gwêd sbarib'

Chlywais i ddim i Rod erioed erlyn unrhyw botsier lleol. Nid bod yna brinder ohonyn nhw. A Ianto John oedd y meistr. Bu'r anian o botsian pysgod yn rhedeg trwy ei waed o'i blentyndod. A doedden nhw i gyd ddim yn bysgod byw chwaith. Un tro, ac yntau ar ei ffordd i'r ysgol, cipiodd sgadenyn coch o gert Albert Defis y Ffish. Pan welodd y Sgwlyn y sgadenyn gofynnodd yn sarrug,

'Evan John Davies, where did you get that herring?'

A Ianto'n ateb yn ei Saesneg dydd Sul:

'Caught him in Nant Naches this morning, Sir!'

Roedd Nant Mynaches, sy'n arllwys i mewn i'r Teifi islaw'r bont fan hyn, yn enwocach am ei charthion nag am ei sgadan coch. Swatiai rhes o dai bach sinc y gerddi cefn uwchlaw'r nant. Rhaid bod sgadenyn Ianto wedi ymfudo ymhell o'r môr gan oroesi'n wyrthiol.

Roedd gan Ianto John lysenw. Yn wir, roedd pobol ein pentre ni'n enwog am eu llysenwau. Isaac y Gof oedd prif fedyddiwr llysenwau'r fro. Doedd gan Richard Rees y Groser ddim blewyn o wallt ar ei ben, felly llysenwyd ef gan Isaac 'Y Belen Lard'. Dafydd Lloyd Penbont wedyn, a safai byth a hefyd ar ben y grisiau a arweinient fyny i'r siop wrth dalcen y bont. Talsythai yno yn urddasol uwchlaw'r stryd yn union fel petai ar ddec llong. Fe'i llysenwyd gan Isaac yn 'Admiral Pride', llysenw a dderbyniai Dafydd Lloyd yn llawen. Dyna i chi 'Y Diwc' wedyn. Tom Evans oedd hwnnw. Fe'i llysenwyd yn 'Diwc' nid yn unig ar draul ei agwedd awdurdodol ond oherwydd mai enw'i gartref oedd Wellington House.

Un arall a fedyddiwyd â llysenw addas iawn oedd Arthur Vialls, druan, a grynai fel aethnen mewn corwynt. Fe'i llysenwyd gan Isaac yn 'Chivers Jelly'. Ar waelod Teifi Street trigai'r hen Ddafydd Roberts. Yn ei hen siwt o frethyn llwyd gyda phig ei gap stabal yn bargodi ei lygaid ymddangosai fel gwerinwr proletaraidd Rwsiaidd o ddyddiau Stalin neu un o gymeriadau drama Maxim Gorki, *The Lower Depths*. Fe'i llysenwyd gan Isaac yn 'Lavinski'.

A do, llysenwyd Ianto John hefyd gan Isaac. Ei lysenw oedd Jona. Nid bod dim byd yn gyffredin rhwng Ianto John a'r proffwyd Beiblaidd. A hyd y gwn i, ni fu Ianto erioed ar gyfyl Nineveh. Fyddai morfil byth wedi medru llyncu Ianto. Na, byddai gaff wedi'i suddo yng ngwegil y Lefiathan cyn iddo fedru agor ei safn.

Ymhlith morwyr a physgotwyr caiff yr enw Jona ei ddefnyddio am rywun sy'n gyfrifol am achosi anlwc. Ond does gen i ddim cof i'r hen Ianto ddod ag anlwc ar neb erioed. I'r gwrthwyneb, byddwn yn teimlo'n freintiedig cael cwmni Ianto John unrhyw bryd gan ei fod e'n hen gymeriad cwbl ddiddrwg. Fe fedra i ei weld e nawr yn pwyso dros ganllaw'r bont fan hyn fel garan amyneddgar gan syllu drwy fwg ei getyn i lawr i ddyfnder llonydd Pwll Du.

'Tawn i'n aped y farn, bois, mha 'na un pert yn cwato lawr fan'na. Myn cythrel i, fe fydd e ar y geulan cyn bore fory.'

Ac fe fyddai. Erbyn swper byddai darnau ohono'n ffrïo ar ffreipanau rhai o'i gymdogion. Byddai, tawn i'n aped y farn.

2

JD 1945

RHEDAF FY MYS yn ysgafn dros garreg gyfagos a theimlo
gwrymiau eraill. Pa 'JD' oedd hwn, tybed, a adawodd ei farc dros
ddeg a thrigain o flynyddoedd yn ôl? Jim Defis Talwrnbont? John
Defis Madog Villa? Jim Daley'r tramp? Nage, John Defis, 6 Teifi
Street, mae'n rhaid. Ie, er mai John Isaac oedd e i ni, hynny am
mai Isaac oedd enw'i dad. Isaac Defis y Gof, rhegwr toreithiog
a dyfeisiwr llysenwau. Tad-cu John, mewn gwirionedd, oedd
y gof gan mai Gwen, merch Isaac, oedd ei fam, er yr edrychai
John arni fel chwaer. Sgerbwd teuluol mewn cwpwrdd, ac un
nad oedd yn gyfrinach i fawr neb ond i John.

Ie, John Isaac, dofwr ceffylau a lwyfannodd unwaith ei
syrcas un-dyn ei hun yn iard garej Danny Rees ym mhen uchaf
Lisburne Row ac yntau ond yn grwt ifanc, gan godi tair ceiniog
am fynediad i oedolion a cheiniog i blant. Darpar seren y sioe
oedd ceiliog *Minorca* du Dan John. Bron bod y ceiliog mor
frestiog â'r perchennog ei hun. Chwyddai Dan ei frest gymaint
fel bod nifer o fotymau canol ei wasgod wedi hen ffarwelio â'r
brethyn.

Byrhoedlog fu gyrfa John fel Bertram Mills ein pentre ni.
Hysbysebodd y digwyddiad mawr ar bosteri. Pan welodd
Rhydian Smith un o'r hysbysebion hynny aeth yn syth at ei
dad a gofyn am geiniog er mwyn cael mynd i'r syrcas.

'Pa syrcas, grwt?' gofynnodd hwnnw'n sarrug a diamynedd.

'Syrcas John Isaac yn iard Danny Rees. Ma ceffyle yno a
chŵn, a cheilog Dan John. A ma John Isaac yn mynd i neud
tricie ar gefen ceffyl a pherfformo acrobatics, fel cerdded ar
draws rhaff a swingo ar trapîs.'

Gwgu wnaeth y tad. Yn anffodus, tad Rhydian oedd plismon y pentre. A draw ag e i'r iard cyn gyflymed ag y medrai ei sgidiau mawr seis twelf ei gario. Caewyd y syrcas bron iawn cyn iddi agor a thorrwyd crib y ceiliog *Minorca*. Ni chafodd dorsythu'n falch o flaen cynulleidfa, a dychwelodd y Syltan plufiog i'w briod waith o blesio ei harem o ieir a chanu fel Caruso'r ardd gefn.

Nid effeithiodd methiant y syrcas fymryn ar ddiddordeb John mewn anifeiliaid, ceffylau'n arbennig. Hyd yn oed yn llanc ifanc byddai'n mynd i fferm Tywi fry ar y mynydd i ddofi neu 'dorri' merlod gwyllt. Ei ddull fyddai neidio ar eu cefnau heb unrhyw gyfrwy, a'u gyrru fel y gwynt i mewn i'r fawnog. Suddai eu carnau ac yna eu bacsau i'r llaid gludiog, a byddai hynny'n eu harafu fel pryfed mewn triog a dod â nhw i sefyll yn stond yn eu hunfan. O fewn dim byddai'r merlod gwyllt diwardd yn ymddwyn mor ddof, ufudd a gwylaidd ag ŵyn swci.

Roedd John wedi'i godi ymhlith ceffylau. I efail ei dad ger Talwrnbont y deuai ffermwyr a bugeiliaid â'u ceffylau i'w pedoli, a byddai Isaac, wrth drin ambell i gel anystywallt, yn britho'r awyr â'i regfeydd. Yn aml, John fyddai'n dal pen y ceffyl tra byddai Isaac yn morthwylio ac yn ebychu.

Hawdd adnabod dyn ceffylau o bell. Mae ganddo rhyw gerddediad unigryw, rhyw osgo coesgam a rhyw swae hunan hyderus. Pan wna sefyll yn llonydd ar ei ddwy droed, gan bwyso ymlaen ar ei ffon neu bastwn, gallasech dyngu ei fod wedi'i wreiddio yn ddwfn yn y ddaear dan ei draed. Ewch i ffair geffylau Llanybydder ar y dydd Iau olaf o bob mis ac fe gewch eu gweld – tincer parablus o Galway, deliwr craff o Appleby yn gwmni i fridiwr profiadol o Bennant. Gallasant oll fod o'r un tras. Defnyddiant eu hieithwedd unigryw, un na all ond dynion ceffylau eraill ei deall. Rhyw *Esperanto* ceffylaidd. Roedd John, o'i blentyndod, yn un o'r brid.

Fe aeth un o fechgyn y Bont ymlaen i fod yn joci llwyddiannus gan farchogaeth ac ennill ar brif gyrsiau Prydain. Roedd Dai Jones, neu Dai Joci, yn frawd i Tanto, y cyfeiriais ato eisoes. Deuai Dai adre o Lundain ar ei wyliau'n achlysurol. Un tro, ac

yntau erbyn hynny wedi rhoi'r gorau i'r gamp, galwodd i weld
Marged Bryngors, a oedd yn gyfnither iddo. Aeth yn sgwrs dros
baned, a Marged yn holi hynt a helynt Dai.
'Wyt ti'n dal yn joci, Dai?'
'Nadw, Marged, wi wedi mynd yn rhy hen erbyn hyn.'
'Beth wyt ti'n neud sha Llunden 'na nawr 'te, Dai?'
'O, bwci ydw i nawr, Marged.'
A dyma Marged Bryngors yn gwylltio.
'Bwci! Cer mas o 'ma nawr, y blagard. Ca'l dy dalu am hala
ofan ar bobol! Cywilydd arnat ti.'
Marged druan, yn meddwl fod Dai'n Fwci Bo proffesiynol.
Un o ddyddiau mawr y fro fyddai diwrnod y ffair flynyddol,
Ffair Gŵyl y Grog, a gynhelid ar y 25ain o fis Medi. Un o bump
o hen ffeiriau mynachod Ystrad Fflur oedd hon yn wreiddiol.
Cynhelid ffeiriau tymhorol eraill yn y cyffiniau yn Nhregaron,
Llanbed ac Aberystwyth. Yn wir, mae tair ffair Aberystwyth,
ar dri dydd Llun yn olynol ym mis Tachwedd, yn dal i fodoli.
Ffair geffylau fu Ffair Gŵyl y Grog tan ddechrau'r pumdegau.
Fel darpar ddyn ceffylau ei hun byddai John wrth ei fodd yno.
Dirywiodd yr achlysur wedyn i fod yn ddim byd mwy na ffair
bleser cyn dod i ben yn llwyr ganol y chwedegau.
Adeg y ffeiriau Calan Gaeaf hyn, yng ngweithdy Jac y
Crydd, byddai'r hen griw yn dwyn ar gof ffeiriau'r Sowth, ac yn
arbennig ffair chwedlonol Merthyr. Dychweledigion o'r Sowth
oedd amryw o griw'r gweithdy, wedi gadael adeg dyddiau main
y dauddegau gan ddychwelyd flynyddoedd wedyn. 'Sowthyn'
fel rheiny, sef un o'r 'Shonis' dychweledig, oedd Joni John
Crydd. John Jones oedd ei enw bedydd ond gan mai John
Jones oedd enw'i dad hefyd, a hwnnw wedi bod yn grydd, yr
enw naturiol ar y mab oedd Joni John Crydd. Roedd brawd
iddo, Tomi Crydd, yn briod ag un o chwiorydd Nhad, sef Anti
Esther. Roedd Joni'n un o nifer a fu'n alltudion yn y Sowth,
nifer ohonyn nhw yng Nghwm Afan.
Hawdd fyddai adnabod y 'Shonis' wrth eu tuedd i liwio'u
siarad â ieithwedd y Sowth. Caledai'r 'd' yn 't'. Nodwedd amlwg
arall fyddai eu peswch cras, taglyd a'u tuedd i boeri. Nôl mor

23

ddiweddar â'r pedwardegau byddai blawd llif a spitŵn yn rhan annatod o lawr bar tafarn. Mae sôn am un cymeriad yn y Blac un noson na wyddai am bwrpas spitŵn yn poeri naill ai o flaen neu y tu hwnt i'r badell boeri yn ddi-ffael. Dyma'r tafarnwr, yr hen Hiscocks, yn symud y bowlen yn ôl ac ymlaen i gymell y poerwr i'w defnyddio yn hytrach na sarnu'r llawr. Ond dyma hwnnw'n gwylltio a dweud wrth Hiscocks,

'Gwranda 'ma nawr. Gad y blydi badell 'na lle mae hi, neu fe fydda i'n siŵr Dduw o boeri ynddi!'

Bydden ni'r llanciau, John Isaac yn ein plith, yn gegrwth wrth glywed hanesion am ddynion caled y Sowth. Byddai gan bob ardal ei Bwli, a Bwli Merthyr oedd y blagard mwyaf, yn ôl Rod Williams. Cofiai Rod am ffeiriau Merthyr a'u bythau bocsio a striptîs. Cofiai am un achlysur yn arbennig pan aeth gyda'i gyd Gardi alltud, Enoch y Coed, i'r stondin stripio. Roedd un ferch, yn ôl Rod, wedi'i gorchuddio â thatŵs, pob modfedd ohoni.

'Fe dynnodd 'i blows gan ddangos map o Dde America ar ei bol a Gogledd America ar i chefen. Ar un ffolen o'i thin roedd map o India ac ar y llall fap o Awstralia. Ac fel'ny buodd hi, yn tynnu 'i dillad o bilyn i bilyn nes o'dd hi'n sefyll yno'n gwisgo dim ond blwmers bach seis macyn poced menyw. A dyma Enoch y Coed yn gweiddi arni:

'Hei. Tynna'r blincin fflap 'na bant i ni ga'l gweld yr Eil o' Man! Bois bach. Chi'n gwbod dim amdani.'

Ninnau'r plant yn chwerthin, heb ddeall y jôc ond yn chwerthin am y byddai disgwyl i ni chwerthin.

Yn Ffair Galan Gaeaf Aberystwyth ddechrau'r pumdegau ac yntau ond glaslanc, diflannodd John Isaac o wyneb y cread. Diflannodd un o'i gyfeillion hefyd, sef Eddie Tandisgwylfa. Dychwelodd hwnnw o fewn dyddiau ar ôl treulio cyfnod gyda merch a ganfu yn y ffair. Ond am John doedd dim golwg ohono'n unman. Ofnid y gwaethaf.

Treiglodd rhai blynyddoedd heibio. Yna derbyniodd modryb iddo lythyr yn datgelu iddo benderfynu bodio i Lerpwl a gweithio'i ffordd ar long i Ganada. Yno bu'n hobo yn crwydro o fferm i fferm yn dofi ceffylau cyn priodi merch i berchennog ransh yn New Brunswick a gwneud ffortiwn drwy fridio'i geffylau trotian ei hun. Enwodd ei ferlen trotian lwyddiannus gyntaf yn Gwen. Un noson roedd y criw arferol ym mar y Llew Coch pan gerddodd dyn dierth i mewn. Ie, dieithryn ond roedd rhywbeth yn ei ymarweddiad yn deffro atgofion. Distawodd y clebran. Nid am fod hwn yn ddieithryn, na, ond am fod rhywbeth yn ei bryd a'i wedd ac yn ei osgo a ganai gloch. Ar ôl hanner munud llawn o dawelwch llethol dyma un o'r criw yn taro tin ei wydr ar wyneb y fformeica coch a gweiddi,

'John Isaac. John Isaac, myn diawl i!'

Ie, John Isaac oedd e. Dyma'r criw'n ei gofleidio, a John yn ysgwyd llaw â ni o un i un, a ninnau'n ei gyfarch. Ac i ddwysáu'r sefyllfa, ni fedrai ateb. Nid yn Gymraeg, o leiaf. Methai yn ei fyw â thorri'r un gair o Gymraeg, ac yn Saesneg y siaradodd am gryn hanner awr. Yna agorodd y llifddorau a dyma ffrwd o Gymraeg glân gloyw cefn gwlad Sir Aberteifi'n llifo allan rhwng ei wefusau a dagrau'r blynyddoedd coll yn llifo lawr ei ruddiau.

Cawsom gan John esboniad am ei ddiflaniad. Yn y ffair roedd wedi gwneud rhyw fisdimanyrs. Dim byd mawr. Fe'i harestiwyd a bygythiwyd ei erlyn. Gwyddai John yn dda yr arweiniai hynny at grasfa gan yr hen Isaac, a bwcwl pres gwregys y gof yn gadael gwrymiau coch ar ei gefn. Disgyblwr milain oedd yr hen Isaac. Tarodd John fargen â'r heddlu. Addawodd, pe câi bardwn, yr âi bant ymhell ac na ddeuai'n ôl i achosi trafferth byth wedyn. Ei 'bant ymhell' oedd Canada. Ni fedrai fod wedi mynd llawer ymhellach. Cadwodd at ei air. Nawr, roedd y mab afradlon wedi dod gartre ond yn rhy hwyr i gyfarch ei dad. Yn wir, anodd fyddai gen i gredu y byddai'r gof wedi bod mor drugarog â'r tad hwnnw yn y ddameg. Yn hytrach na lladd y llo pasgedig byddai wedi hanner lladd John.

Wedi'r dychweliad cynta hwnnw, cadwodd John gysylltiad wedyn dros y blynyddoedd. Llythyrai'n rheolaidd â'i hen

25

ffrindiau. Yn wir, gwelais un o'r llythyron hynny at un o'i gyfeillion yn ddiweddar, llythyr cwbl Gymraeg a anfonodd ar y 29ain o Fawrth 1959. Erbyn hyn roedd John yn briod â Donna a chanddynt ddwy ferch, Rhiannon a Darlene. Byddai tri arall yn dilyn, Owen, Ifan, a Gwen, a enwyd ar ôl ei mam-gu. Cyfeiriodd yn ei lythyr at y tywydd rhewllyd yn Fredricton, New Brunswick â'r rhewbwynt mor isel â 32 islaw sero. Holai am hynt a helynt hen gyfeillion fel Islwyn Brynmwyn, Rowland Arch a'i chwaer Jane, Ethel Terry a Margaret Towers, Ainsleigh Jones a Marina Benjamin, Iorwerth Williams, Moc Rogers a Wyn Evans, Wellington House. A'i gwestiwn olaf yn holi a oedd Tomi Nachlog yn dal i gadw ceffylau rasys?

Ond prin iawn fu'r ymweliadau. Teithiodd un o'i hen gyfeillion, Ronnie John draw i Ganada i'w weld unwaith gan ddychwelyd gyda merlen a fridiwyd gan ei hen ffrind. Mae Ronnie, gyda llaw, yn fab i berchennog y ceiliog *Minorca* du a fu am y dim i fod yn seren syrcas John.

Y tro olaf i fi weld John, daeth yma am dridiau i Rasys Tregaron ac i ymweld â bedd Gwen, ei fam. Ddaeth e byth yn ôl wedyn, ond gadawodd ei farc ar ystlys y bont fan hyn ac yn ddwfn ar ein cof ninnau.

Nid John oedd y cynta na'r olaf o'r Bont i fod yn gowboi. Dim ond chwarae cowbois wnaem ni. Ond bu John Isaac yn gowboi go iawn.

3

TLR 1940 a HJ 1940

MAE'R LLEUAD UWCHBEN mor glir erbyn hyn fel nad oes angen i fi fyseddu'r meini. Yma gwelaf o flaen fy llygaid y llythrennau a'r dyddiad 'TLR 1940'. Mab y groser oedd Tom Lloyd Rees, Florida Shop, ei dad yn flaenor ac yn athro Ysgol Sul. Richard y tad oedd 'Pelen Lard' Isaac y Gof.

Prin byddai unrhyw deulu yn y fro heb ei 'slaten', neu ddyled i'r siop. Yn arbennig felly adeg y rhyfel. Roedd Richard Rees yn ddiarhebol am ei garedigrwydd yn hynny o beth. Mae yna hanesyn am un o blant yr Ysgol Sul yn cyrraedd y bws ar gyfer y trip blynyddol, â thyllau yn ei sgidiau. Aeth Richard Rees ag ef i siop Dai'r Crydd gerllaw a phrynu iddo bâr newydd. Mae'r crwt bellach yn ddyn ac yn dal i adrodd y stori.

Gwn mai yn siop Mary a Neli Richards oedd 'slaten' ein teulu ni. Roedd y rheiny hefyd, yn fam a merch, yr un mor garedig ac amyneddgar pan ddeuai'n amser setlo'r bil. Ac nid swm bychan fyddai bil wythnos o nwyddau ar gyfer porthi tri-ar-ddeg o blant.

Am flynyddoedd fe yrrai Tom ei fan Ostin lwyd yn llawn bwydydd anifeiliaid o ffarm i ffarm. Ie, Tom Lloyd Rees, Pibydd Brith plant y fro. Fe gludai dri neu bedwar ohonyn nhw yng nghefn y fan ar ben y sachau cêc *Spillers* boldew. Gadawai'r sachau a'u cynnwys rhyw dawch mwsaidd fel arogl llwydni ar ddillad a chyrff y plant, arogl na fedrai hyd yn oed sebon *Lifebuoy* coch y golch, na sgrwbiad â sebon *Carbolic* yn y badell sinc ci ddileu oddi ar na dillad na chnawd. Cariai Tom hefyd gyflenwad o Oel Morris Ifans, y feddyginiaeth iachaol a wellai bopeth o gloffni i golic. A *Molrat* wrth gwrs, y gymysgedd wyrthiol honno ar gyfer gwaredu pla o dyrchod neu lygod, boed iddynt fod yn llygod mawr neu lŷg. Ni chredai Tom Gwynfa yn y 'cemicals modern yma' ar gyfer lladd gwahaddod. Na, yr unig ateb i bla gwahaddod, yn ôl Tom, fyddai 'claddu'r diawled bach yn fyw'.

Cafodd Tom Gwynfa lysenw tra dyfeisgar. Un bore cyfarchwyd ef gan un o selogion y fainc ar sgwâr Rock Villa.

'Shwd wyt ti heddi, Tom?'

A hwnnw'n ateb yn siriol ddiniwed,

'Da iawn diolch. Wi fel "two-year old".'

A dyna'i fedyddio fe'n 'Twm Tŵ Îyr Old'. Cymreigiwyd y ffregod gydag amser i 'Twm y Ddwyflwydd'.

Chafodd Tom Lloyd ddim enw mwys, ar wahân i Tom y Siop, hwnnw'n fwy o ddisgrifiad gwaith nag o lysenw. A Mair y Siop oedd ei chwaer. Daeth Tom, fel ei dad, yn flaenor ffyddlon. Er, yn wahanol i hwnnw, byddai'n amhrydlon. Yn y gwasanaethau Sul, er bod ei gartref yn union ar draws y ffordd i'r capel, gallem fetio sofren yn saff y byddai llinell agoriadol yr emyn cynta wedi'i tharo erbyn i Tom gyrraedd. Yn ddi-ffael, ar ôl hanner munud o wichiadau megin asthmatig yr organ, clywem ruglan clicied y drws. Ddeng eiliad yn ddiweddarach prysurai Tom i lawr yr eil, ei lyfr emynau hen nodiant o dan ei fraich, gan sleifio i gornel y sêt fawr. Yno gwyrai ei ben am ychydig eiliadau, ei lygaid ynghau cyn codi, ffwndro drwy ei lyfr hymnau wrth geisio canfod rhif yr emyn ac uno yn y gân hanner y ffordd drwy'r ail bennill.

Siop ei dad oedd *Harrods* y Bont. Gwerthai Richard Rees bopeth, o gaws Caerffili i de *Darjeeling*, o dintacs i drapiau llygod. Gwerthai ddillad brethyn a bwydydd anifeiliaid. Hoelion a staplau. Ond doedd dim rheidrwydd arnoch chi i brynu dim byd yn emporiwm eang Dic Rees. Troi i mewn am sgwrs wnâi rhai, neu am ddadl, honno'n aml yn ddadl wleidyddol a godai o ambell bennawd y papurau newydd ar y cownter. Ceidwadwr oedd Dic, er na chyfaddefodd hynny erioed. Yn dadlau cornel y Rhyddfrydwyr byddai Tom Evans, neu'r Diwc. Yng nghornel

Llafur byddai Nhad a Jac Jincins y Byngalo, dau benboethyn a oedd yn addoli Joseph Stalin. Medrai'r ddau wneud i Karl Marx ymddangos fel Tori. Cadwai Tom Lloyd draw o'r fath frwydrau geiriol. Allan yn y fan Ostin gyda'r bwydydd anifeiliaid a'r plant roedd y lle i fod. Câi'r bwydydd eu cadw mewn storws rhwng Rhydfen ac Afon Fach, neu Nant Mynaches. Byddai Tom yno weithiau hyd yr oriau mân, golau ei dortsh yn taflu gwawl gwelw o gwmpas y lle. Gan fod y storws yn union gyferbyn â'r Blac Leion byddai Tom mewn sefyllfa ddelfrydol i weld pwy oedd y pechaduriaid dirgel fyddai'n baglu allan dros y trothwy ymhell wedi stop tap.

Yn gynharach gyda'r nos gwelid Tom yn mynd am dro o gwmpas y pentre gyda'i ast Jac Rysel yn troedio drot-drot wrth ei sawdl. Enwai'r cŵn ar sail y mis y'u ganwyd. Enw'r olaf oedd Iona.

Droedfedd i'r dde i gofnod Tom Lloyd ar y canllaw fan hyn, mae'r llythrennau a'r dyddiad 'HJ 1940'. Huw Jôns y Garej oedd hwn. Fe fetia iddo fe a Tom Lloyd fod wrthi'r un pryd, ysgwydd wrth ysgwydd, yn cerfio tystiolaeth o'u presenoldeb. Bu'r ddau'n gyfeillion gydol oes. Ie, Huw Bach, a ddychwelodd o'i dymor yn y fyddin i weithio yn garej ei dad ac i arddangos ei sgiliau ar y cae pêl-droed.

Ar Gae Sam y chwaraeai tîm y pentre cyn i waddol Syr David James dalu am lunio parc llyfn a chodi canolfan gymdeithasol, neuadd, llyfrgell a phafiliwn i'r ardalwyr. Arbenigedd Huw fel wing hâff yn y midffîld oedd y dacl lithr, neu'r 'sliding tackle'. Pan fyddai'r bêl ym meddiant ei wrthwynebydd, cychwynnai Huw ei dacl bum llathen i ffwrdd. Hyrddiai ei hun i'r gad, un pen-glin ar y ddaear, gan lorio'r gelyn a chipio'r bêl mewn un symudiad. O'i ôl gadawai rych goch. Diolch i dacteg Huw, prin y byddai angen i Sam aredig ei gae ar ddiwedd y tymor pêl-droed.

Ie, Huw Bach a Tom Lloyd. Buont farw o fewn blwyddyn i'w gilydd. Ar y maen ar ganllaw'r bont maen nhw'n dal yn anwahanadwy, mab y siop a mab y garej yn siario'r un garreg.

Nodwedd y ddau oedd drygioni. Nid drygioni yn yr ystyr ddrwg, ond drygioni diniwed. Rhyw dynnu coes ei gilydd â choes unrhyw un arall a ddigwyddai fod o fewn cyrraedd. Anghofiwch Tom a Jerry. Ceid llawer mwy o strach diniwed rhwng Tom a Huw.

Am gyfnod deuai'r ddau i mewn i'r Blac o wahanol gyfeiriadau, Huw drwy ddrws y ffrynt a Tom Lloyd drwy'r drws cefn. Gan fod ei dad yn flaenor, doedd Tom ddim yn rhyw awyddus iawn i gerdded i mewn yn gyhoeddus. Sleifiai allan o'r tŷ ar hyd y Lôn Fach ac yna drwy ardd y dafarn ac i mewn drwy'r drws cefn at gyfrin gyngor y Bar Bach. Ond chwarae teg iddo, pan etifeddodd safle'i dad yn y sêt fawr, bu'n ddigon gonest i ddefnyddio drws ffrynt y dafarn yn gwbl agored wedi hynny.

Yn y Bar Bach yr yfai'r gwir ffyddloniaid cyn i hwnnw gael ei droi'n rhan o un bar mawr. Dim ond yr etholedig rai gâi yfed yn y Bar Bach. Braint i unrhyw grwt ifanc fyddai cael ei wahodd i yfed yno gan un o'r selogion. Byddai derbyn y fath wahoddiad i yfed yn y cysegr sancteiddiolaf yn gyfystyr â bod yn rhan o seremoni raddio mewn prifysgol.

Cyfeiriai Huw ato'i hun yn aml yn y person cynta, a hynny fel Huw Bach neu Taff Jones.

'Gadewch chi bopeth i Huw Bach, bois' neu 'Ewch chi ddim dros ben Taff Jones, bois bach'.

Eglwyswr oedd Huw, er na fynychai'r oedfaon yn aml. Ond petai rhywun yn y bar yn taro nodau cynta emyn, byddai Huw Bach yn ei elfen, ei lygaid ynghau, ei law chwith yn arwain. Byddai'r llaw dde yn dal gwydryn o wisgi. Â'i lais tenor yn morio'r bar. Carai sôn am y cyfnod pan fyddai'n gyrru'r ficer, y Parchedig John Aubrey, i'r gwasanaethau yn Eglwys y Plwyf yn Ystrad Fflur. Weithiau yn y gaeaf a'r eira'n drwch, dim ond Huw a'r ficer fyddai yno. Ond, fe gynhaliai Aubrey wasanaeth Cymun i'r ddau gan agor poteled o win, a hwnnw'n win go iawn, nid gwin cymun, gan wacâu'r botel rhyngddynt cyn mynd adref.

Roedd John Aubrey'n gymeriad lliwgar. Hoffai godi'r bys

bach. Pe galwai yn y Red neu'r Blac, ei archeb fyddai 'Large Players', sef pecyn ugain o sigaréts. Ond gwyddai unrhyw dafarnwr lleol mai'r hyn a fynnai Aubrey fyddai wisgi dwbwl. Un tro wrth iddo adael y Red yn y tywyllwch, trawodd rhywun yn ei erbyn gan ebychu,

'Arglwydd Mawr!'

Ac Aubrey'n ateb yn dawel,

'Na, ddim yn hollol. Ddim ond ei was bach E ydw i.'

Byddai bod yng nghwmni Tom Lloyd a Huw Bach ar nos Sadwrn yn y Blac yn donic, y naill yn ceisio cael y gorau ar y llall ac fel arall. Cofio oedd y peth mawr, cofio digwyddiadau, cofio pobol, edliw i'w gilydd droeon trwstan. Byddai hanes y fro a'u hynafiaid ar flaenau eu bysedd. Cofiaf Tom Lloyd yn dwyn ar gof enw pob cae ar hyd y filltir o lwybr a redai ar hyd glan yr afon rhwng Y Felin a'r Fynachlog, enwau oedd hyd yn oed bryd hynny wedi hen ddiflannu o dafod lleferydd. Ar y llaw arall, medrai Huw gofio hanes pob car a fu trwy ei ddwylo ynghyd â'u rhifau cofrestru.

Fel Tom, byddai Huw hefyd yn cludo plant. Ef fyddai'n cludo plant i'r ysgol o'r ffermydd a'r tyddynnod anghysbell i'w gwersi yn yr ysgol fach. Byddai yn ei elfen yn gyrru'r priodfab neu'r briodferch – neu'r ddau – ar ddydd priodas. Ef wnaeth fy ngyrru i a'm gwas priodas, Pecs. Cododd Huw'r ddau ohonon ni yn fy nghartref, rhyw hanner milltir o daith i Gapel Rhydfendigaid. Saif y capel o fewn llai na chanllath i'r Blac. Ond yn hytrach na'n gollwng o flaen llidiart y capel, trodd yn sydyn am y Blac, archebodd wisgi'r un i ni, rhai mawr. Ac yna, o'u hyfed, parhau â'r siwrne fer i'r capel, lle'r oedd y gweinidog allan ar ben y drws yn syllu'n ddiamynedd ar ei watsh, a'm darpar wraig a'i thad yn ofni i fi gael traed oer ar y funud olaf.

Ie, Tom Lloyd a Huw Bach, dau oedd yn gwbl wahanol ond eto i gyd fel dwy ochr yr un geiniog. Trist yw gweld tŷ Siop Florida nawr heb Tom ac Eirwen, ei wraig. A Derwen, lle trigai Huw a Gwyneth wedi hen newid dwylo. Yn gymharol sydyn y bu farw Tom, mewn oedran teg, ond clafychodd Huw a bu ef a Gwyneth gyda'i gilydd mewn cartref henoed am gyfnod hir. Mae'r ddau bwmp petrol ar draws y ffordd i'w hen gartref yn sych ers blynyddoedd bellach, mor sych â gwddf eu cynberchennog ar ambell fore Sul.

Ond yma ar ystlys y bont cawn enwau Tom a Huw ochr yn ochr. Dau ffrind, dau gwmnïwr, dau dynnwr coes. Does yna fawr ddim pellter yn eu gwahanu filltir i ffwrdd chwaith ym mynwent Ystrad Fflur.

Teimlad rhyfedd yw bod yn y capel ar fore Sul bellach heb glywed clicied y drws yn rhuglo ar ganol yr emyn cynta a Tom yn brasgamu tua'r sêt fawr, ei lyfr emynau fel un o lechi Moses dan ei fraich. Chwith meddwl hefyd na welaf byth eto limwsîn sgleiniog du yn gyrru heibio gyda ffenest y gyrrwr yn agored led y pen, penelin dde Huw Bach allan drwyddi yn rhychu'r gwynt ac yntau'n codi'i law mewn cyfarchiad. Neu mewn ffarwél.

4

DSR 1948

PRIF NODWEDD Y cerfiadau nesaf fan hyn yw eu siâp lluniaidd. Gwaith llythrennwr balch. Pwy, meddech chi, oedd hwn? Mae'r gofal a'r ceinder yn awgrymu perffeithydd. Ac o feddwl hynny, byddech yn berffaith gywir yn dweud mai'r 'DSR' hwn oedd Dewi Glasfryn.

Mab mabwysiedig Dic a Marged Glasfryn oedd Dewi Samuel Rees. Ie, Dewi Glasfryn, cyn Signalman yn Stesion Strata. A do, cafodd yntau lysenw. Trodd Signalman Rees yn Syngman Rhee, sef enw Arlywydd De Corea yn niwedd y pedwardegau.

Anodd fyddai meddwl am neb a ymddangosai'n fwy trwsgl na Dewi: breichiau hir, rhy hir; coesau rhy gam; traed rhy fawr; clustiau fel dail cabej a thrwyn hirgam. Gallasech yn hawdd dybio i'w gorff gael ei gynllunio gan bwyllgor a'i adeiladu allan o ddarnau sbâr o gyrff pobl eraill.

Er hynny roedd gan Dewi rhyw osgeiddrwydd yn ei symudiadau, rhyw lithrigrwydd llyswennaidd llyfn a diymdrech. Adlewyrchai pob osgo, pob ymarweddiad pwyllog ganddo, rywun a deimlai'n gyffyrddus yn ei groen. Adlewyrchai hefyd bwysigrwydd ei barchus arswydus swydd, sef cadw trenau i redeg yn brydlon. Fe ddywedodd rhywun rywbryd fod Hitler, er gwaetha'i fileindra, wedi llwyddo i gael trenau'r Almaen i redeg yn brydlon. Llwyddai Dewi i gadw trenau lein Caerfyrddin i wneud hynny heb godi ei fraich dde mewn saliwt, na thyfu mwstas, na goresgyn Gwlad Pwyl. Pe gofynnech i Dewi faint fyddai hi o'r gloch, fe gaech, wedi iddo ymestyn ei arddyrnau hirion allan o lewys ei got ac edrych yn ei dro ar ei ddwy watsh, yr ateb i'r funud. Yn wir, i'r eiliad. Gwelid topiau tair beiro'n rhes awdurdodol ym mhoced uchaf ei got, un feiro ddu, un las ac un goch. Byddai tair arall yn y drôr yn y stafell docynnau – rhag ofn.

Roedd Dic a Marged Glasfryn yn ddiblant pan wnaethon nhw fabwysiadu Dewi. Bu'r bachgen bach yn ddigon ffodus o gael magwraeth gan y rhieni maeth caredicaf a mwyaf gofalus ar wyneb y ddaear. Dewi oedd eu byd.

Yn Ysgol Sir Tregaron câi Dewi ei fwlian. Nid gan gyd-ddisgyblion ond gan athro. Byddai gan hwnnw dargedau ym mhob dosbarth a Dewi oedd un ohonyn nhw. Dewi, druan, fyddai prif destun gwawd yr athro hwnnw. Ni chwynodd Dewi wrth neb ond daeth yr hanes i glustiau ei lysfam warchodol. Daliodd Marged y bws cyntaf i Dregaron bore trannoeth a galw'n ddiseremoni yn stafell prifathro. Galwyd am yr athro dan sylw ac fe wnaeth Marged sgubo'r llawr ag ef. Y bore wedyn yn yr asembli aeth y prifathro ati i glodfori Dewi yn y fath fodd fel y methai ei gyd-ddisgyblion â deall y rheswm pam.

Saif Glasfryn wrth ymyl y lôn gefn sy'n arwain o ymyl yr ysgol gynradd i lawr am Lôn Fach. Yn rhedeg heibio'r tyddyn mae Nant Mynaches. Cadwai Dic a Marged fuwch neu ddwy, mochyn, ieir ac ychydig ddefaid. Porai'r defaid hynny fyny yng nghyffiniau Llynnoedd Teifi uwchlaw Ffair Rhos gryn dair milltir i ffwrdd. Cerddai Dic yno i'w gweld ar y copaon ddwywaith neu deirgwaith yr wythnos, gan daenu sach dros ei ysgwydd rhag ofn y chwipiai cawod sydyn, slei dros ysgwydd Pen-y-bannau.

Un tro sylweddolodd Marged fod Dic yn anarferol o hwyr yn cyrraedd adre. Aeth allan i ben y drws gan 'edrych dros y bryniau pell' amdano. Oedd, roedd hi'n hwyrhau a dim sôn am Dic. Ymhen hanner awr aeth allan eto, a gwelai ei gŵr fel smotyn bach du ar ben uchaf Weun Penywern Hir. Llenwodd y tegell fel y byddai paned yn ei ddisgwyl. Allan â hi eto a gweld fod Dic yn cerdded yn araf iawn ac yn ymddangos fel petai'n cario pwn.

Aeth hanner awr arall heibio, a'r tegell wedi berwi'n sych.

Allan â Marged eto gan weld Dic, o'r diwedd, bron iawn â chyrraedd. Aeth i'w gyfarfod at lidiart y ffin. Ar ei gefn cariai ddafad ar draws ei ysgwyddau. Gwelodd Marged, o syllu ar nod clust y creadur nad un o ddefaid Glasfryn mohoni. Ceryddodd ei gŵr.

'Be gododd arnat ti, Dic, yn cario dafad ar dy gefen yr holl ffordd? Ar ben hynny, nid ein dafad ni yw hi. Dafad ddierth yw hon!'

Yn dawel ac yn addfwyn, gosododd Dic y llwdn yn dyner wrth ei draed ar y llawr.

'Marged,' meddai, 'wi'n gwbod nad ein dafad ni yw hi. Ond Marged fach, rodd y ddafad yn sâl.'

Ie, dameg y ddafad golledig mewn gwisg fodern. Ac onid oen colledig fu Dewi nes i Dic a Marged ei ganfod a'i gymryd i'w corlan fach ddiogel ar lan y nant?

Gŵr tenau, llwydaidd ei wedd a syber ei wisg oedd Dic. Roedd Marged ar y llaw arall yn ddynes nobl lond ei chroen. Bwrlwm o fenyw. Meddai Marged ar lais alto cyfoethog a chanai pan fyddai allan wrth ei gwaith. Er bod pellter o filltir rhwng Glasfryn a'n tŷ ni, medrwn ar ddiwrnod tawel, a'r awel yn chwythu o gyfeiriad Pen-y-bannau, ei chlywed hi'n morio canu:

Iesu, Iesu, rwyt ti'n ddigon,
Rwyt ti'n llawer gwell na'r byd ...

Byddai'r dôn yn hofran ar yr awel. Dylanwadodd caredigrwydd ei rieni maeth ar y mab a daeth yntau, Dewi'n gymwynaswr. Ond doedd y Dewi hwn ddim yn sant. Mabwysiadodd ystyfnigrwydd naturiol tyddynwyr cefn gwlad. Doedd ganddo ddim i'w ddweud wrth arferion newydd. Torrodd ei galon pan gaeodd Beeching y lein rhwng Aberystwyth a Chaerfyrddin. Fel dyn signal, dibynnai prydlondeb y trên ar allu Dewi i gadw amser. Byddai ei ddwy watsh yn atodiadau i gloc stafell aros Stesion Strata. Hwnnw wnâi reoli amseriadau ei holl orchwylion. I Dewi byddai cloc

35

Stesion Strata yn frawd i'r haul. Er na wnâi daro, hwn oedd Big Ben ei fyd.

Pan ddaeth hi'n 'ffarwél i Stesion Strata' wedi i fwyell finiog Beeching ddisgyn yn gynnar yn y chwedegau, cafodd Dewi waith yn yr adran papurau a chylchgronau yn y Llyfrgell Genedlaethol. Golygai hynny gadw cyfrif o'r newyddiaduron a gyrhaeddai'n ddyddiol. Dim ond ffownten pen wnai'r tro ar gyfer y gwaith hwnnw. Cofnodai'r cyfan, y *Parker Pen* rhwng ei fysedd hirion yn chwifio fel baton arweinydd côr cyn cyffwrdd â'r papur, a'r cofnod yn ymddangos mewn llawysgrifen mor gain ag arysgrif memrwn Llyfr Du Caerfyrddin. Catalog ysgrifenedig y papurau a'r cylchgronau oedd Brut Dewi Glasfryn cyn i ddyfodiad y cyfrifiadur digymeriad ei amddifadu o'i grefft.

Golygai gweithio yn Aber, a'r lein wedi cau, yr angen am gar. Ni allai ddibynnu ar brydlondeb y gwasanaeth bysus. Prynodd Dewi ei gar cynta, *Ford Popular* du, ac aeth Dic ei lystad ati i godi stabl i'r cèl mecanyddol ar y ddôl ger y tyddyn. Sylwodd fod y car o'r un mesuriadau a'r gert, a dynnid gan Darbi, y gaseg wedd ffyddlon. Cododd Dic sied sinc o gwmpas y gert cyn ei llusgo allan. Syniad clodwiw. Yn anffodus, pan stablodd Dewi'r Ffordyn y tro cynta, ni fedrai agor drws y car. Roedd lled y sied yn rhy gyfyng. Wnaeth Dic, druan, ddim ystyried y ffaith fod i geir, yn wahanol i gert, ddrysau a bod angen lle digonol i'w hagor.

Yn ei ail swydd yn y Llyfrgell Genedlaethol roedd prydlondeb yn dal yn holl bwysig i Dewi. Agorai ddrws archifdy'r cyfnodolion i'r eiliad. Felly hefyd wrth gloi ar ddiwedd prynhawn. Weithiau deuai rheolau newydd i ymyrryd ar drefnusrwydd Dewi Sam, fel y câi ei adnabod yno. Penderfynwyd, er enghraifft, ddechrau talu staff y Llyfrgell yn fisol. Yn waeth na hynny penderfynwyd talu'r staff drwy'r banc. Mynnodd Dewi barhau â'r hen drefn – yr unig aelod o'r staff i fynnu hynny.

Casbeth arall ganddo fyddai cael tynnu ei lun. Gwrthodai'n lân â bod yn rhan o grŵp staff y Llyfrgell ar gyfer tynnu llun swyddogol. Eto i gyd llwyddwyd un tro i gynnwys ei lun ymhlith ei gydweithwyr – heb iddo fod yno. Tynnwyd llun portread ohono'n gyfrinachol. Datblygwyd y llun i fod yr un maint â wyneb Dewi a'i brintio. Yna gosodwyd llun wyneb Dewi ar goes brwsh a'i ddal fyny yng nghanol y criw staff ar gyfer tynnu'r llun torfol.

Ond pleser pur fyddai mynd ato i adran y cylchgronau a phapurau newydd wrth wneud rhyw ymchwil neu'i gilydd. Ni fyddai angen troi at y catalog; gwyddai Dewi'n reddfol leoliad pob cyfnodolyn oedd yn yr adran.

Prin iddo golli diwrnod o waith erioed. Yn ei swydd ar y rheilffordd, pan geid eira trwm a rhew cerddai Dewi'r filltir a hanner i Stesion Strata yn hytrach na seiclo. Ac yntau yn ei ail swydd, ac yn synhwyro fod eira'n bygwth, parciai ei gar yn y pentre gyda'r nos yn hytrach nag yn y garej yn y cae dan tŷ fel na châi ei ynysu. Yn wir, ar gychwyn pob gaeaf prynai set o deiers newydd *Town and Country*, a gorchwyl rheolaidd Huw Bach y Garej fyddai newid teiers cyffredin Ffordyn Dewi am rai a fedrai ddygymod yn well â rhew ac eira. Yn aml, a chymudwyr y Bont yn gaeth i'w tai mewn lluwchfeydd, byddai Dewi wedi canfod ffordd drwodd i'w waith.

Bu ganddon ni gwmni drama yn y Bont a Dewi fyddai yng ngofal y celfi. Câi'r dodrefn angenrheidiol eu cludo o gwmpas neuaddau pentrefi cyfagos yn lori wartheg Toss Hughes. Dic Bach fyddai'n gyrru. Un tro, wrth iddo geisio symud dreser dderw yng nghefn y llwyfan, aeth cot Dewi'n sownd wrth un o fachau'r silffoedd. A dyma Dic, oedd yn dal pen arall y dreser yn gweiddi,

'Dewi, be' ddiawl wyt ti'n meddwl wyt ti? Jwg?'

Mynychai Dewi bob oedfa yng Nghapel Rhydfendigaid yn rheolaidd. Bu'n ysgrifennydd ac yn drysorydd. A daeth y diwrnod mawr pan ddyrchafwyd ef yn flaenor. Ym mhob oedfa gymun wedyn, Dewi fyddai'n rhannu'r bara ar ran y gweinidog. Gallaf weld nawr ei fysedd hirion yn ymestyn darnau o gorff y Crist i'w rhannu rhwng y gynulleidfa yn eu corau. Welais i ddim erioed fysedd hirach gan neb. Pan fyddai'n chwarae snwcer, a gwnâi hynny'n aml, ni fyddai angen iddo ddefnyddio pont – rhyw 'U' bedol ddwbl uchel ar flaen ffon – er mwyn codi blaen y ciw yn uwch. Na, gosodai flaen ei fysedd hirion ar y brethyn gwyrdd nes ymddangosai ei law fel rhyw bry cop coesiog, anferth a gwelw yn fwa naturiol goruwch y bêl wen. Pleserau syml oedd rhai Dewi, ar wahân i'w ymweliadau â gemau pêl-droed rhyngwladol pan fyddai Cymru'n chwarae gartref. Gyda'r nos, ei unig bleserau fyddai chwarae snwcer, mynd am dro o gwmpas y pentre neu godi ambell beint o laeth yn Siop Bronceiro pan fyddai buwch odro Glasfryn yn hesb.

Bu farw Dewi'n ddyn cymharol ifanc. Dechreuodd deimlo rhyw boenau yn ei goesau. Gyda'i ystyfnigrwydd nodweddiadol, gwrthodai'n lân ymweld â'r doctor. Erbyn hynny doedd Dic na Marged ddim yno i'w swcro. Trodd y salwch yn septisemia marwol.

Erys y llythrennau a dyddiad y flwyddyn, 'DSR 1948' yn glir ac yn gelfydd o hyd ar y bont, mor glir ag ôl ffownten pen ar bapur. Ie, Dewi Samuel Rees wnaeth eu cerfio. Mae'n syndod i un mor fanwl beidio ag ychwanegu'r dyddiad yn llawn, a'r amser hefyd, i'r eiliad.

5
DW 1914

WRTH I FI syllu ar y cerfiadau nesaf hyn, darlun ddaw i'r meddwl. Am flynyddoedd bu'n hongian ar wal y parlwr uwchlaw'r lle tân yn ein tŷ ni. Llun sepia oedd e, o fewn ffrâm lydan, drwchus. Llun o lanc ifanc deunaw mlwydd oed mewn lifrai rhyfel. Wn i ddim sawl tro, yn clwydo ar lin Mam, y clywais amdano'n mynd i'r Rhyfel. Wncwl Dai oedd hwn, brawd bach Mam. Fe'i lladdwyd yn bedair ar bymtheg mlwydd oed. Roedd gan Mam luniau o fedd Wncwl Dai hefyd, sydd gen i bellach. Fe'i claddwyd mewn mynwent filwrol ger Bethune yn Ffrainc. Y cyfan sydd ar wyneb y garreg yn y lluniau yw:

32734 PRIVATE
D. WILLIAMS
SOUTH LANCASHIRE REGT.
11TH APRIL 1918

Ie, cofnod o dranc Wncwl Dai. Yr unig gofnod a nodir yma ar y bont yw 'DW 1914'. Ond dim ond rhan o'r stori yw'r llythrennau sydd yma, fel y rhai sydd ar ei garreg fedd mewn mynwent bellennig.

Tyfodd y llun yn y parlwr i fod yn rhyw fath o eicon ac yn obsesiwn. Mynnwn wybod mwy am y llanc hwn, a oedd yn ewythr i fi. Wrth i fi dyfu'n hŷn fe ddysgais lawer am y bachgen addfwyn a aberthwyd ar allor duwiau rhyfel. Gwnes adduned y gwnawn i, rywbryd, sefyll wrth fedd Wncwl Dai. Ac o'r diwedd, 94 o flynyddoedd wedi ei farwolaeth, gwireddais y freuddwyd honno. Ynteu ai gwireddu hunllef wnes i?

Fe aeth criw ohonon ni ar daith i ardaloedd Passchendaele a'r Somme. Y prif fwriad oedd ymweld â bedd Hedd Wyn yn Pilkem Ridge. Roeddwn i wedi bod yno o'r blaen, ond y tro hwn cawsom amser i oedi yma ac acw. Ym Mynwent Tyne Cot yn Fflandrys, er enghraifft, fe orwedd ymron i 12,000 o filwyr y Gymanwlad. Yno, teimlad ysgytwol fu clywed enwau pob un a gollwyd yn cael eu hadrodd gan lais pruddaidd ar dâp, a hwnnw'n atseinio dros y fynwent. Gwneir hyn yn ddi-stop, awr ar ôl awr, ddydd ar ôl dydd. Oedd, roedd pob un yn fab i rywun.

Yn nhref Ypres, a chwalwyd yn yfflon yn y Rhyfel Mawr, safasom wrth Borth Menin yn gwrando ar y Caniad Olaf yn atseinio tan y bwa, defod a lwyfennir bob nos am wyth o'r gloch. Atseinia nodau un corn unig is y bwa tal. Ar y muriau cofnodir enwau ymron 55,000 o filwyr colledig na ŵyr neb ble mae eu gorweddfan olaf.

Ar y ffordd yn ôl i Calais dyma sylweddoli y bydden ni'n pasio o fewn ychydig filltiroedd i Bethune, enw a seriwyd ar fy meddwl ers dyddiau plentyndod. Ger Bethune yn rhywle y lladdwyd Wncwl Dai. Wn i ddim p'un oedd y frwydr arbennig lle'i lladdwyd. Sut bu farw, does neb â ŵyr. Bwled? Siel? Shrapnel? Nwy? Yn wir, mae'n bosib mai un sneiper cuddiedig a'i saethodd. Y cyfan a wn i, o ddarllen llyfrau hanes, yw i frwydro mawr ddigwydd yn y cyffiniau yn ystod y tridiau cyn ei golli, a hynny'n bennaf yn Gore Wood ac o gwmpas fferm gyfagos. Dyma pryd yr ymladdwyd Brwydr Lys, a'r frwydr honno lansiodd Ymosodiad Gwanwynol yr Almaenwyr.

Lladdwyd Wncwl Dai ar yr union ddiwrnod yr anogodd y Cadfridog Haig bob milwr Prydeinig gwerth eu halen i sefyll â'u cefnau at y wal a dal eu tir hyd nes syrthiai'r dyn olaf. Roedd Haig ei hun, wrth gwrs, yn ddiogel rhag y perygl, ymhell y tu ôl i'r wal honno yn y Pencadlys.

Bu corff Wncwl Dai ar goll am chwe mis. Canfuwyd ei weddillion ar 8fed o Hydref 1918. Ac wrth ei fedd ym Mynwent Filwrol Chocques ger Le Hamel y cefais fy hun ar brynhawn o haf yn sgwrsio ag Wncwl Dai. Saif y fynwent yng nghanol meysydd gwastad ac eang. Yn yr awel gwelwn yr ŷd melyn-wyrdd yn tonni a phabis cochion yn gwthio'u pennau yma ac acw drwy wyrddni'r pentalarau.

Dim ond un bedd yw un Wncwl Dai ymhlith 1,801 ym Mynwent Chocques. Dim ond un o blith 38 miliwn a laddwyd yn theatr ryfel Ewrop yn y Rhyfel Mawr. Ond dim ond un Wncwl Dai oedd yna i fi, yr Wncwl Dai hwnnw nas gwelswn erioed ond mewn llun ac mewn ambell hunllef. Yn y llun mae e'n gwisgo rhyw hanner gwên fach drist; gwên fach addfwyn fel petai'n gofyn y cwestiwn 'Pam?' Ond heb ddisgwyl ateb.

Er na wnes i erioed gyfarfod ag ef, fe ddysgais lawer am Dai Bach Tŷ Cefen oddi wrth Mam. Roedd e'n athro Ysgol Sul yng Nghaersalem, Ffair Rhos. Roedd e'n hyfforddwr sol-fah. Bu'n was bach ar fferm Pen-y-wern Hir lle daeth yn gampwr ar ddilyn yr aradr. Ond pan ddaeth mab y ff018 i'w oed, collodd Dai ei waith a gwysiwyd ef i ymladd dros ei wlad a'i Dduw. Treuliodd gyfnod fel milwr gyda'r *South Wales Borderers* yn y Curragh yn Iwerddon.

Roedd gan Mam stori sy'n esbonio pam yr anfonwyd Wncwl Dai i'r Ffrynt. Roedd e ddiwrnod yn hwyr yn dychwelyd o'i 'leave'. Y noson cynt roedd e wedi bod allan gyda'i gariad, Esther (chwaer i Nhad) ac wedi'i gadael hi'n rhy hwyr i ddal y trên drannoeth yn Stesion Strata ar gyfer teithio'n ôl mewn pryd. Y gosb am ei ddiffyg prydlondeb fu cael ei anfon yn syth i'r Ffrynt, ac yno fe'i lladdwyd.

Cyn iddo ymadael y tro olaf hwnnw fe wnaeth ei fam, sef fy mam-gu, ofyn i Tomos y Crydd, a oedd â'i weithdy y drws nesaf, am bâr o sgidiau newydd i Dai ar y slât. Gan ei bod hi'n ddigon tlawd ar Tomos ei hun, ni chytunodd â gwneud hynny. Am weddill ei fywyd teimlai Tomos euogrwydd am fod Dai Bach Tŷ Cefen wedi mynd i'w dranc mewn sgidiau oedd yn gollwng dŵr.

Yng nghartref Mam-gu rwy'n cofio cael eistedd ar soffa ddu, a symbol *Fleur de Lys* Tywysog Cymru a'r geiriau *Ich Dien*, wedi'u cerfio yn y coed ar ei chefn. Hwn yw arwyddlun y gwahanol frigadau Cymreig, wrth gwrs ac ystyr y geiriau yw,

'Gwasanaethaf'. Yn ôl a ddeallaf, y soffa oedd math ar iawndal y Swyddfa Ryfel i Mam-gu am fywyd ei mab. Ie, gwerth soffa oedd ugain blwyddyn namyn un Dai Bach Tycefen ar y ddaear.

Mae gen i nifer o ddogfennau sy'n gysylltiedig ag Wncwl Dai. Yn eu plith mae tua hanner dwsin o lythyron y gwnaeth eu hanfon at Nhad a Mam. Yn rhyfedd iawn at Nhad y cyfeiriai ei lythyron fel arfer gyda'r geiriau agoriadol 'Fy annwyl frawd yng nghyfraith' ...

Wedi i gorff Wncwl Dai gael ei ganfod fe gynhaliwyd gwasanaeth coffa iddo yng Nghapel Carmel, lle'i bedyddiwyd ychydig flynyddoedd yn gynharach. Nodir ar y daflen, sydd yn fy meddiant o hyd, mai ei hoff emyn oedd:

Â heibio'r dywyll nos,
Fe ffy cymylau'r nen;
Fe ddaw'r addewid wir
A'i geiriau pur i ben;
Ceir gweld, ceir gweld yr hyfryd dir
Ar fyr o dro yn olau clir.

Ceir arni hefyd gerdd deyrnged iddo gan y gweinidog, Y Parchedig T R Morgan:

Ar yr alwad aeth i'r fyddin,
Gwisgodd arfau'i wlad yn llon,
Gyda'i gatrawd yn ddianaf
Moriodd ffwrdd tu hwnt i'r don;
Rhoes ei nerth i fuddugoliaeth
Ar ormesiaeth, trais a brad,
Ac ni phallodd ei wroniaeth
Nes cael cyrraedd perffaith wlad.

Yn anffodus, er mor ddiffuant oedd geiriau'r gweinidog, nid ateb yr alwad wnaeth Wncwl Dai. Ni roddodd ei nerth i ennill buddugoliaeth dros ormesiaeth, trais a brad. Na, cael ei orfodi i fynd wnaeth y truan, a hynny'n sicr heb iddo deimlo'n

llon wrth wisgo arfau'i wlad. Yn llawer nes ati mae'r adnod a
ddyfynnir ar waelod y daflen,
    Canys yr hyn a fawr ofnais a ddaeth arnaf, a'r hyn a arswydais
a ddigwyddodd i mi. Job 3:25.
    Wrth i fi sefyll ar lan bedd Wncwl Dai ar y prynhawn
hwnnw o haf, teimlwn yn union fel Eric Bogle yn ei gân fawr,
'No Man's Land', yn sefyll wrth fedd Willie McBride. Pedair
ar bymtheg oed oedd hwnnw hefyd pan laddwyd ef. Yn y gân
mae'r cyfansoddwr yn oedi uwch bedd y llanc i sgwrsio ag ef,
gan obeithio iddo farw'n lân a marw'n sydyn yn hytrach nag yn
araf ac yn frwnt. Mae'n dychmygu pwy a adawyd ar ôl i alaru.
Ai dieithryn ydi Willie bellach? Ai dim ond llun mewn ffrâm?
Mae'r gytgan yn gofyn:

> Did they beat the drum slowly, did the play the pipes lowly?
> Did the rifles fire o'er you as they lowered you down?
> Did the bugles sound The Last Post in chorus?
> Did the pipes play the Flowers of the Forest?

Ac yna'r pennill olaf ingol:

> And I can't help but wonder, now Willie McBride,
> Do all those who lie here know why they died?
> Did you really believe them when they told you 'The Cause?'
> Did you really believe that this war would end wars?
> Well the suffering, the sorrow, the glory, the shame
> The killing, the dying, it was all done in vain,
> For young Willie McBride, it all happened again,
> And again, and again, and again, and again.

    Dim ond un newid sydd ei angen. Yn lle enw Willie McBride
cenwch enw Dai Bach Tŷ Cefen. Mae llythrennau cynta ei enw
i'w gweld yma ar ganllaw'r bont. Ddau gan llath ar y gofeb
ryfel ar y sgwâr cewch weld ei enw'n llawn, ei gyfeiriad ynghyd
â dyddiad ei dranc ar faen marmor. Ond rhaid teithio 'mhell i
weld ei garreg fedd.
    Nid dyna ddiwedd y stori. Yn wir, fel rhyfeloedd, does iddi

ddim diwedd. Ar gyfer Prifwyl Sir Fôn ym Modedern sylwais
mai testun y Goron oedd 'Trwy Ddrych'. Teimlais y byddai hwn
yn destun addas ar gyfer hanes Wncwl Dai. Roeddwn i eisoes
wedi ennill Coron y Bont am gerdd wedi ei seilio ar ei fywyd
a'i dranc. Euthum ati felly i ychwanegu prolog ac epilog yn y
wers rydd i'r gerdd fer honno a'i danfon i'r gystadleuaeth dan
y ffugenw 'Tir Neb'. Bu'r beirniaid mor garedig â chynnwys y
gerdd yn y dosbarth cyntaf. Yn wir, aeth Gwynne Williams mor
bell â dweud iddo'i chael hi'n anodd peidio â'm Coroni.

Dyma'r bryddest yn ei chrynswth:

TRWY DDRYCH
Er cof am Wncwl Dai
1899–1918

...Or are you a stranger without even a name
Forever enshrined behind some glass pane
In an old photograph, torn and tattered and stained
And fading to yellow in a brown leather frame?
'No-man's Land', Eric Bogle

Tu ôl i'r gwydr cymylog gwelwn ef,
ei wyneb clwyfus mewn ffrâm eboni
ynghrog uwch coffor derw'r parlwr cefn,
ei lygaid pŵl drwy'r sepia'n holi
'Pam?'
Ac ar y bwrdd,
cawlach dalennau yn un bwndel blêr
wedi hen fraenu a memrynnu mewn rhyw ddrôr
a'u lapio ynghlwm mewn magl o ruban du.
A minnau'n cwtsho'n dwt ar arffed Mam
mor glyd â iâr yn gori
yn cymell eto'r stori
am hwn tu ôl i'r gwydr a lenwai'r ffrâm.
Hithau'n plycio deupen brau dolen ei chof
gan ddatod yr hanesion

a'u gollwng unwaith eto'n rhydd
yn haid gyfarwydd o atgofion chwâl
i wibio drifflith-drafflith
fel rhuthr o golomennod
drwy fy mhen,
tra'r llun tu ôl i'r gwydr
yn gryndod byw drwy lewych fflam y lamp.
A Mam yn cofio, ffwndro a chofio eto
bob yn ail...

* * *

Dai Bach Tycefen
Yn crio yn y ffos,
Ddim am fod yn filwr
Ym mrwydr Sgwâr Ffair Rhos.

Dai Bach ddim eisie
Bod yn un o'r gang
Gyda'u gynnau brigau cyll
A'u gweiddi 'Bang! Bang! Bang!'

'Dai, Dai, bola clai,
Piso'n gwely bob nos Iau!
Dai, Dai, babi mam,
Bwyta bara sych a jam!'

Dai Bach yn Gonshi,
Ofni'r bechgyn cas,
Dai'n rhedeg adre
A chwt ei grys e mas.

* * *

I'm brawd a'm chwaer yng nghyfraith,
Gair byr o faes y gad,
Mae'r haul yn gwenu dros y Ffrynt
Er bod hi'n wlyb dan dra'd;
Mewn pâr o sgidie Crydd Pen-banc,
Heriwn yn hapus unrhyw danc!

* * *

'Dai, Dai, Cristion cul,
Yng Nghaersalem bob dydd Sul!
Baptists, Baptists pobol gas,
Mynd i Uffern heb ddim gras!'

Twm Crydd yn dweud am Iesu
Yn gwella'r claf a'r crin,
Am flasu bara'r bywyd
Ac am droi'r dŵr yn win.

Dai'n cario blwch y casgliad,
Cofio'r Deg Gorchymyn,
Sythu'i dei wrth weld ei lun
Yn sglein ar blât y Cymun.

Dai yn dweud ei adnod,
Cofio'r geiriau gwiw,
'Gwyn fyd y tangnefeddwyr,
Cânt fod yn blant i Dduw.'

Listio ym myddin Iesu,
Ffyddlon hyd ei fedd,
Dai nawr yn filwr bychan
Heb ddysgu trin y cledd.

* * *

Mae'n wanwyn yma'n Fflandrys,
A'r egin ceirch yn ir
Yn ffrwydro'n wyrdd drwy'r gramen -
Mae bywyd lond y tir;
Ond plygu'n bendrwm fel mewn galar
Wna'r pabis coch ar ben pob talar.

* * *

Dai Bach yn mynd ben tymor
Yn hogyn gyrru'r wedd
Heb ddim ond cŵyn cylfinir
I darfu ar ei hedd,
A nudden ysgafn llwch ei og
Yn arogldarthu uwch y glog.

Penlinio i dorri'i syched
Wrth Ffynnon Penwern-hir,
Llowcio o'i hoerni balmaidd,
Ac yn ei dyfroedd clir
Ei lun yn syllu'n ôl yn dawel
Cyn crychu'n chwâl dan blyciad awel.

Gosod helm a mwdwl,
'Redig y braenar llaith;
Mab y fferm yn dod i'w oed,
Dai yn colli'i waith.
Yna gorchymyn croch, 'I'r gad!
Dai Bach, mae d'angen ar dy wlad!'

* * *

Mi es i'r eglwys echdoe,
Yn un o chwech neu saith,
Doedd neb yn adrodd adnod,
Dim codi canu chwaith;

Cofiais am gôr Caersalem lân
Lle na bydd diwedd byth i'r gân.

* * *

Dai Bach Tycefen,
Ei fam yn pacio'r gist,
Mynd yn filwr bychan,
Ond nid ym myddin Crist;
A'r dwylo gynt fu'n agor grwn
Yn paratoi i danio gwn.

Allan gydag Esther
Hyd yr oriau mân,
Talu'r gost am gysgu'n hwyr,
Ei hel i uffern dân.
'Dai, Dai, o'r fath stynt,
Cael dy yrru'n syth i'r Ffrynt!'

* * *

Oes grug ar Ben y Bannau?
Yw Banc Llwyn Mwyn yn âr?
Ddaw'r gwcw nôl i berth Pen-banc?
A beth am Fois y Sgwâr?
Yw Shanco'n dal i dynnu coes?
Yw Ianto'n dal i dynnu'n groes?

* * *

Ffarwél i Stesion Strata,
Rhaid ceisio gwisgo gwên
A chuddio'r ochain crio
Dan chwiban croch y trên;
Ffarwel i'r gŵys, ffarwel i'r gân,
Ffarwel i blant Caersalem lân.

Tuchan cras yr injan,
Olwynion yn creu mydr,
Stêm yn cymylu'r ffenest
Fel amwisg dros y gwydr;
ac yntau'n gweld ar draws ei lun
ddafnau a dagrau'n llifo'n un.

* * *

Wel, shwd mai f annwyl chwaer a'r plant?
Shwd maen nhw yn Nhycefen?
Yw Nhad yn canu 'Ffon fy Nain'?
Fydd Mam ar brydiau'n llefen?
A chofia ddweud wrth Esther, wir,
Y gyrra'i air bach cyn bo hir.

* * *

Dai yng ngwres y frwydr,
Bidog, gwn a nwy
Yn y rhyfel wnâi roi pen
Ar bob un rhyfel mwy;
Ac wrth weddïo am gael byw,
Amau bod Iôr yn drwm ei glyw.

Yn grwm uwch allor uffern,
Y cymun olaf gaed,
Briwsionwyd bara'r bywyd,
Trodd dŵr y ffos yn waed;
A'r gwas fu'n arddu'r mawndir garw
Yn awr yn dysgu sut i farw.

Rhywle yn naear Fflandrys
Mae llanc sy'n un â'r tir
Mewn pridd sy'n llai trugarog

Na mawnog Penwern-hir,
A nudden slei yn llenwi'r ffos
Gan lapio corff Dai Bach Ffair Rhos.

* * *

Mae'r pwsh i gychwyn dradwy,
O leiaf, dyna'r si,
Wna'r rhyfel 'ma ddim para'n hir,
Mae Duw o'n hochor ni;
Ac felly, Meri Ann a Moc,
Siawns fydda'i'n ôl i'ch gweld chi toc.

* * *

...Mae llygaid pŵl y llanc tu ôl i'r gwydr yn dal i holi
'Pam?'
A minnau gryn gan mlynedd wedi'i dranc
o hyd heb fedru ateb.
Eto fe syllaf arno yn ei ffrâm,
ac yntau'n dal yn ugain namyn un,
yn gaeth i'w fythol las-lencyndod.

Ond weithiau,
pan ymwthia llafn o fachlud haul
yn sydyn slei fel bidog rhwng y bleinds
gan hollti myllni trwm y parlwr cefn
a gwanu'r llun,
arlliw rhyw wyneb arall fydd i'w weld
yn wawl o gryndod gwelw yn y gwydr.
Allan drwy'r niwl lledrithiol,
henwr sy'n sbïo arnaf;
gwelaf fy wyneb i fy hun yn syllu nôl.
Bryd hynny,
fi bellach ydi ef;
ef ydw i.

Yna daw mwmian canu Mam yn ôl
i ail-gyfannu'r llun,
a minnau unwaith eto yn ei chôl
yn siglo a cheisio uno
yn ei chân...

'Dai Bach-y sowld-iwr,
Dai Bach-y sowld-iwr,
Da-ai Bach-y sowld-iwr
A chwt-ei am-do maaas...'

6
BB 1960

FEDRA I DDIM cofio neb yn y fro a allai gyfateb i'r llythrennau dwbwl hyn. Wel, dim un bod dynol, o leiaf. Ac nid bod dynol oedd y 'BB' hwn – nid plentyn, llanc nac oedolyn. Na, ci oedd BB, a chofnodwyd y llythrennau yma gan un o'r ddau frawd a'i perchenogai.

Ie, ci oedd hwn, ond nid ci cyffredin mohono. Ei enw oedd Bisto Bacws, sef ci Bacws Glanteifi, busnes pobi bara Jac a Rosie Evans gyda chymorth y meibion, Non a Ronnie. Safai'r bacws rhwng Hafan a Siop Lisabeth, honno'n chwaer i Jac. Heddiw does yna ddim olion o naill ai'r bacws na'r siop.

Non, yr hynaf o'r brodyr, wnaeth gerfio'r cofnod yma. Nid Non oedd ei enw bedydd ond yn hytrach John Davies Evans. Trodd y John yn Non a gollyngwyd y Davies. Ond i ni ei ffrindiau, ni chyfeirid ato fel Non chwaith ond yn hytrach fel Pecs. Ie, y Pecs hwnnw a fyddai'n was priodas i fi'n ddiweddarach. Llysenwyd ef yn Pecs ar gyfrif ei ddawn i becial, hynny yw codi gwynt neu fytheirio, hynny ar hap neu yn ôl y galw. Oedd, roedd Pecs yn bencampwr ar becial. Yn wir, petai pecial yn gystadleuaeth eisteddfodol, byddai Pecs wedi ennill y Rhuban Glas erbyn hyn. Wedi meddwl, oni fyddai'n syniad da cynnwys yn y Brifwyl gystadleuaeth cydbecial? Byddai'n llawer mwy diddorol na'r gystadleuaeth cydadrodd. (Sori, cyd-lefaru.) Gellid, hwyrach, becial un o gerddi T Gwynt Jones neu Gwynt Thomas. Neu hyd yn oed Eifion Wynt.

Pecs oedd seren y dosbarth Ysgol Sul. Ein hathro oedd y Diwc ei hun, Tom Evans, Wellington House. Mynnai'r Diwc ddisgyblaeth ond byddai Pecs yn feistr corn arno. Disgwylid ni i ddweud adnod bob Sul, honno'n adnod newydd o wythnos i wythnos. Ond dim ond un adnod oedd gan Pecs, ac ail-adroddai honno o Sul i Sul. Ei adnod oedd,

Iesu a wylodd. (Ioan 11:35)

Nid yr adnod fwyaf anodd i'w chofio. Un Sul addawodd Pecs i'r Diwc, â'i law ar y Beibl, y dysgai adnod newydd erbyn y Sul wedyn. Cadwodd at ei air. Ei adnod newydd – ac yr oedd hi yn newydd os nad oedd hi'n adnod – oedd:

Y ddafad a frefws ac a gacws ar garreg y drws.

Ac er syndod i bawb ohonom, daeth awgrym o wên i wyneb y Diwc. Ac roedd perswadio'r Diwc i wenu'n gryn gamp.

Am gyfnod bûm yn athro Ysgol Sul fy hun ar ddosbarth o bobol ifanc yn eu harddegau. Yn anffodus mynnent drafod yr un pwnc o Sul i Sul sef hanes y Mab Afradlon. Aeth yn anodd meddwl am unrhyw beth newydd i'w ddweud. Un Sul dyma ofyn cwestiwn,

'Pan ddaeth y Mab Afradlon adre, pwy oedd fwyaf diflas?'

Ateb Alun Tŷ Capel oedd,

'Y llo pasgedig.'

Trigai dwy chwaer ar waelod Teifi Street, a'r hynaf o'r ddwy hynny ddaeth yn eilun cynta fy serch. Roedd llygaid Pecs ar yr ieuengaf. Cariad unochrog oedd ein cariad ni, wrth gwrs, er y gwnâi'r merched ein goddef gan ymateb yn chwareus i'n serchiadau swil. Treuliai Pecs a finne oriau bwygilydd y cuddio ar lofft stabal Mrs Morgans Doctor gyferbyn â chartref y ddwy chwaer. O'n cuddfan yn y gwellt cadwem olwg ar eu mynd a'u dod. Yno yr adeiladem ein breuddwydion bregus.

Un prynhawn fe'u gwelsom ni nhw'n cerdded i gyfeiriad Ystrad Fflur. A dyma Pecs yn cael gweledigaeth.

'Mynd draw i'r Nachlog maen nhw, siŵr o fod i ti, i weld Luned.'

Roedd Luned yn un o blant y Fynachlog Fawr, fferm oedd filltir i ffwrdd, ac yn ffrind i'r merched. A dyma gynllwynio.

'Rho tuag awr iddyn nhw,' meddai Pecs, 'ac fe gerddwn ni draw i gwrdd â nhw a cherdded adre gyda nhw.'

A dyna a wnaed. Dyma'r ddau ohonon ni'n cyrraedd bron iawn at gartref Luned pan ddaeth y chwiorydd i'n cyfarfod – mewn car yn cael ei yrru gan Dai, brawd i Luned. Ffwrdd â nhw gan chwerthin ar ein pennau drwy ffenestri agored y car. A Pecs a finne'n troi'n rhwystredig am adre gyda milltir o gerdded yn ein hwynebu.

Bob nos Sul, yn y capel, eisteddem yn y côr oedd yn union y tu cefn i'r chwiorydd, sef y côr olaf un ar y chwith. Lloc agored oedd y côr gyda dwy fainc yn llunio triongl â chefn côr teuluol y merched. Yr enw dirmygus ar hwn oedd côr y da hesbon, lle byddai ymwelwyr achlysurol nad oedd yn aelodau'n eistedd. Syllem gydol pob emyn, drwy'r darlleniad, y weddi, y bregeth a'r casgliad ar gefnau'r ddwy. Weithiau bydden nhw'n troi eu pennau a gwenu arnon ni, gwenau trugarog yn hytrach na gwenau o gariad. Gwenau temtasiwn weithiau. Rhyw daflu briwsion serch i ddau oedd ar glem. Pan ddeuai'n amser i'r Fendith i gloi'r gwasanaeth, bydde Pecs a finne'n dechrau anesmwytho.

'Ac yn awr, bydded i ras ein Harglwydd Iesu Grist ... ' Cau'n llyfrau emynau. ' ... a chariad Duw ... ' Cyrcydu. ' ... a chymdeithas yr ysbryd glân ... ' Codi. 'a fyddo gyda ni oll o'r awr hon hyd yn oes oesoedd ... '. Ac allan drwy'r drws cyn yr 'Amen'. Yna disgwyl amdanyn nhw wrth y gatiau. Eu dilyn nhw adre wedyn. Ond breichio'i gilydd wnâi'r ddwy ynghanol criw o ffrindiau, a giglan yn wirion gan ein hanwybyddu ni'n llwyr. O groesi'r bont fan hyn bydden nhw'n troi, codi llaw a ffarwelio'n bryfoclyd,

'Ta-ta!'

Ac yna rhedeg lawr y lôn am eu cartref gan chwerthin yn gellweirus, eu lleisiau'n distewi yn y pellter cyn i glep y drws eu tawelu'n llwyr. Twyllo'n hunain wnaem ni fod yna unrhyw beth mwy na hwyl diniwed yn ein perthynas â'r merched. Ond fel y dywed yr hen wireb, mae cariad yn ddall, yn enwedig cariad unochrog. Ac mae hyd yn oed chwarae cariadon yn medru torri calonnau. Yr un mor ddwfn yw'r boen. Chwarae'n troi'n chwerw.

Bu farw Jac a Rosie, rhieni Pecs a Ronnie, pan nad oedd y brodyr ond llanciau. Parhaodd y ddau i fyw yn y cartref yn rhif 3 Poplar Terrace. Ar fore Sul, yno byddai'r lle i fod pan fyddai criw ohonon ni'n crynhoi i adolygu digwyddiadau'r noson cynt. Hynny a gofiem! Byddai'r edliw a'r tynnu coes yn ddiddiwedd. Wil John Tŷ Canol fyddai'r prif bryfociwr gyda chymorth Lewis Berthgoed a Rhys Glan-pond. Dylwn sôn am Rhys, yn arbennig ar gorn yr arferiad hwnnw o fathu llysenwau. Rhwng cartref y brodyr a'r Blac Leion llifai'r Afon Fach, a theirgwaith o fewn wythnos fe fethodd Rhys druan y bompren a disgyn i'r nant. Bedyddiwyd ef gan Pecs yn Jaques Cousteau. Oedd, roedd Pecs yn olynydd teilwng i Isaac y Gof.

Ond beth am Bisto Bacws? Doedd ganddo ddim cysylltiad â'r hylif gwyrthiol hwnnw sy'n proffesu rhoi lliw a blas i'r grefi. Fe gaed achos yn aml i ebychu 'Ah, Bisto!' ond gydag anobaith yn hytrach na chydag unrhyw foddhad. Bisto yw'r gair a ddefnyddir yn yr ardal hon am gi bach ifanc. Felly, ystyr ei enw'n syml oedd Ci Bach y Bacws. Ac yn y bacws, yn y cynhesrwydd cras, y tu ôl i'r ffwrn fawr, y cysgai Bisto. Hynny yw, pan gysgai. Fel arfer byddai'n crwydro'r pentre yn creu hafog drwy ymlid cathod a phlant, ac o gael ei geryddu, byddai'n gwneud ei orau i gnoi'r ceryddwyr hynny. Byddai ei anwesu yr un mor beryglus. Ni anwyd ci mwy di-wardd a diddiolch erioed. Ond chwarae teg iddo, ni wnâi fyth frathu neb heb iddo'n gyntaf ollwng chwyrnad o rybudd, hwnnw'n chwyrnad dwfn ac isel fel baswr yn clirio'i wddf cyn taro'r nodyn agoriadol ar lwyfan steddfod.

Ci du oedd Bisto. Ond hyd yn oed pe cawsai ei eni yn gi gwyn, ci du fyddai Bisto gan y byddai, bob cyfle a gâi, yn rholio mewn budreddi. Gwyntiai fel corwg. Doedd dim yn ei blesio'n fwy na mynd o dan gar fyddai wedi'i barcio, a rhwbio'i gefn yn erbyn y biben egsost a'r olwynion. Deuai allan gyda haenen o oel a llaid dros ei gefn. Pan fyddai ei flew yn sych, a rhywun yn ddigon ffôl i'w anwesu drwy daro cledr ei law yn ysgafn a gofalus ar ei gefn, codai cymylau o lwch. A chwyrnai Bisto.

Dim ond un creadur tebyg i Bisto Bacws a welwyd erioed,

a'r ci anystywallt hwnnw oedd un a welid ar dudalen flaen comic. Hwnnw oedd Gnasher, ci 'Dennis the Menace' yn *The Beano*. Fel hwnnw, ni welid safn Bisto fyth ynghau. Na, byddai safn Bisto'n agored ar gyfer naill ai bwyta, cyfarth, chwyrnu neu gnoi. Neu ddifetha eiddo pobl eraill. Ond roedd yna un gwahaniaeth mawr rhwng y ddau gi. Chwarddai Gnasher weithiau. Gwgu wnâi Bisto bob amser. Erbyn hyn trowyd Gnasher yn gi Cymraeg ar S4C, sef Dannedd. Cyfieithiad cwbl annheilwng. Byddai Bisto wedi llyncu hwnnw i frecwast a'i chwydu allan cyn cinio.

Mynnai Bisto ddilyn y ddau frawd i bobman, boed y ddau ar draed neu ar olwynion. Cofiaf i fi a'r brodyr gael lifft gyda Lloyd Bwlch y Gwynt lawr i Gilcennin un tro i wylio cystadleuaeth bêl-droed chwe bob ochr. Rhaid fu caniatáu lle i Bisto yn y car neu byddai wedi ceisio dilyn y brodyr yr holl ffordd. Wedi'r gemau rhaid oedd troi i mewn i'r Commercial am beint. Caethiwyd Bisto yn ddiogel yng nghar Lloyd. Pan ddaethon ni yn ôl i'r car, roedd y creadur diddiolch wedi ymarfer ei ddialedd. Y tu mewn, roedd paneli clustogwaith y car wedi'u malu a'u sarnu, a Bisto wrthi'n bwyta gweddillion y cerpynau.

Mwngrel oedd Bisto, rhyw gymysgedd o ddaeargi a ffrâm beic, yn ôl Ianto John. Roedd gan Ianto enw arall ar Bisto a'i wehelyth mwngrelaidd hefyd sef 'Heinz 57 Varieties'. Mae yna hen ddywediad sy'n mynnu mai 'tebyg i ddyn fydd ei lwdn.' Roedd perchenogion Bisto lawn mor anystywallt â'u ci. Ond gwarchodai Bisto hwy hyd at angau, petai angen. Petai'r ddau frawd wedi bod ar berwyl drwg, nid rhywbeth anarferol, feiddiai Defis y Plismon ddim galw yn y Bacws i'w holi neu eu ceryddu. Na, dim ond iddo groesi'r rhiniog byddai dannedd Bisto wedi'u sodro yn ei sawdl. Yn wir, o'i gymharu â Bisto roedd creadigaeth Arthur Conan Doyle, sef bwystfil y teulu Baskerville, yn Dedi Bêr.

Ac fel Bwsytfil y Baskervilles roedd Bwystfil y Bacws yn ddihiryn ond hefyd yn chwedl. Yn wir, ymledodd ei enw ledled y byd. Aeth llond bws ohonon ni i Eisteddfod Ryngwladol Llangollen un flwyddyn yng nghanol y chwedegau. Roedd

Pecs wedi'i wisgo'n lliwgar mewn crys coch, tei werdd a het o'r un lliw. Tyfai locsen ffasiynol lawr hyd at waelod ei glustiau, a'i wallt yn ddu fel y frân. Edrychai'n debycach i rywun o dras Eidalaidd neu Sbaenaidd na chrwt o'r Bont. Dechreuodd strancio o gwmpas y lle, rhyw awgrym o ddawnsio gwerin, a hynny i nodau a geiriau cân fasweddus Gymraeg sy'n sôn am gosi ar ran ddelicêt o anatomi mam-gu. Tyrrodd torf o'i gwmpas, nifer yn hawlio'i lofnod. Ufuddhaodd, ac aeth rhai dwsinau adref wedi llwyddo i gael, yn eu llyfrau lloffion, lofnod neb llai na'r dawnsiwr a'r canwr gwerin enwog Bisto Bacwsi.

Fel pob creadur meidrol, arafodd Bisto yn ystod ei henaint. Daliai i geisio dilyn y brodyr, ond rhyw lusgo'n araf o'u hôl a wnâi. Daeth yr anochel, a chladdwyd Bisto Bacws yng ngardd y brodyr y tu ôl i rif 3 Poplar Terrace. Y galarwyr oedd Pecs a Ronnie, Rhys Glan-pond a finne. A'r ymgymerwr oedd Sam Go. Fe wnaethon ni ganu emyn ar lan y bedd, 'O Fryniau Caersalem'. Ond fe wnaethon ni ei newid rhyw ychydig arno i:
'O gopa Pen-bannau ceir gweled ...'

Ac yno rhwng yr afon a throed y mynydd yng ngardd 3 Poplar Terrace mae Bisto yn gorwedd o hyd. Weithiau, pan fyddai criw ohonon ni ar y bont yn craffu ar y llythrennau a'r dyddiadau gan hel atgofion, fe wnâi ambell ddieithryn, wrth bori drwy'r arysgrifau, ofyn pwy oedd hwn neu'r llall a gerfiodd eu hunaniaeth? Pwy, er enghraifft, oedd y 'BB' yma o 1960? Esboniem fod rhywun enwog iawn wedi gadael ei farc yma wrth basio trwodd un dydd. Weithiai byddai'n Bessie Braddock. Weithiau byddai'n Brendan Behan. Bryd arall, Billy Bremner, ac yn ddiweddarach, Boris Becker. Petawn i'n esbonio mai ci oedd 'BB', sef Bisto Bacws bydden nhw'n siŵr o feddwl 'mod i o 'nghof. Fe fyddwn i'n dueddol i gytuno â nhw. Mae'n cymryd cryn ddychymyg i dderbyn bod ci wedi cerfio'i hunaniaeth ar ysgwydd pont. Cofiwch, fe gododd ei goes ar draws wal y bont droeon.

Wn i ddim a oes yna nefoedd i gŵn. Os oes yna un, yna ofnaf fod gan Pedr graith ar ei sawdl. A chydag ebychiad o anobaith yn hytrach na mewn gwerthfawrogiad y llefai hwnnw'r ebychiad,

'Ah, Bisto!'

7

RD (Amryw)

MAE YNA FWY nag un 'RD' wedi gadael eu marc a'u dyddiad ar ystlys y bont dros y blynyddoedd. Ond 'RD' arall a fyn brocio'r cof. Ni wnaeth hwn gerfio'i farc gan nad oedd ganddo'r abledd i wneud hynny. Na, prif gyfraniad hwn fu atal y llif trafnidiaeth a fwriadai groesi'r bont. Prin bod lle i ddau gerbyd basio'i gilydd ar frig y bont fan hyn. Dyma'r man culaf ac o'r herwydd, fyddai'r un gyrrwr byth yn meddwl stopio yma. Ond roedd yna eithriad. Un a wnâi oedi droeon yn ei gar ar ben y bont oedd Ron Davies, y ffotograffydd barfog o Aberaeron. Na, ni lwyddodd erioed gerfio'i 'RD' yma ac yntau'n gyfyngedig i gadair olwyn, gan y buasai wedi bod yn amhosib iddo gyflawni'r fath orchwyl. Ond gwnaeth ei ran i atal y drafnidiaeth drwy barcio ar ben y bont er mwyn sgwrsio â phwy bynnag fyddai yma'n digwydd loetran, gan achosi aml i dagfa draffig swnllyd.

Emosiwn rhyfedd yw galar. Pan fyddwn ni'n galaru am rywun, ai galaru am yr ymadawedig fyddwn ni mewn gwirionedd? Ynteu ai galaru fyddwn ni am ein colled ni ein hunain? Hynny yw, ai galaru wnawn ni, nid dros yr un a'n gadawodd, ond yn hytrach dros yr hyn y gwnâi'r ymadawedig ei gynrychioli? Atgofion am ddyddiau da, er enghraifft, a chyfeillgarwch? Gall galar amlygu'r gorau a'r gwaethaf yn ein cymeriad. Os ydyn ni'n Gristnogion, ddylen ni ddim, mewn gwirionedd, alaru dros neb. Onid ydyn nhw'n mynd 'i fyd sydd well i fyw'? Ond haws dweud na gwneud.

Rhyw feddyliau cymysg fel hyn fydd yn corddi yn fy mhen

wrth gofio am Ron. Yn wir, meddyliau tebyg wnaeth lenwi fy mhen yn ei wasanaeth angladdol, a hwnnw'r gwasanaeth angladdol rhyfeddaf i fi fod ynddo erioed. Yng Nghapel y Tabernacl, Aberaeron roedden ni'n ffarwelio ag ef a Ron ei hun oedd wedi trefnu'r cyfan. Am y tro cynta erioed mewn gwasanaeth angladdol y bûm i ynddo, welais i ddim un deigryn yn disgyn. Chlywais i neb yn ochneidio. Ni chafwyd unrhyw wenieithu. Na, chwerthin oedd y prif emosiwn.

Yn ystod yr hanner awr cyn i'r arch gyrraedd chwaraewyd recordiau o Louis Armstrong, Fats Waller ac yn arbennig, Frank Sinatra. Yna, wedi cân Frank, 'I Did It My Way' cafwyd tawelwch am rai munudau. Ac wrth i'r arch ymddangos, dyma driawd jazz yn taro nodau 'When the Saints go Marching In'. Gwnaeth y gynulleidfa oll gadw'r rhythm, drwy glapio'u dwylo a churo'u traed. Teimlem awyrgylch a fyddai'n gweddu fwy i ddelta'r Mississippi nag i aber afon Aeron.

Ar gyfer y gwasanaeth dewisodd Ron emynau fel 'Calon Lân' ac emyn Saesneg mawr yr hen Bantycelyn, 'Lead Me, Oh Thou Great Redeemer'. A wyddoch chi beth? Profwyd fy namcaniaeth fod yna lawer yn gyffredin rhwng jazz traddodiadol ac emynau'r hen Bant. Gall y ddau gyfrwng fod yn eneidiol. Gall y ddau hefyd godi hwyl.

Fe wnes i ddechrau cydweithio gyda Ron pan ymunais â'r *Cymro* yn 1968 a bu'r ddau ohonon ni'n ffrindiau byth wedyn. Gallwn adrodd cyfrolau am y dyn hynod hwn. Ar ei ffordd o un ddawns i ddawns arall y byddai Ron yn ei ieuenctid, gan ei fod yn aelod o fand. Ac yntau ond yn 29 oed, bu mewn damwain ddifrifol wedi iddo golli rheolaeth ar ei fotor-beic. O ganlyniad fe'i caethiwyd i'w gadair olwyn am weddill ei oes. Caethiwo? Fu yna'r un enaid erioed yn fwy rhydd na Ron. Ces wybod, wrth wrando ar deyrnged un o'r teulu, i arbenigwr meddygol eu rhybuddio wedi'r ddamwain mai dim ond pythefnos oedd gan Ron i fyw. Mynnodd ei briod, Mari, wasanaeth un o feddygon gorau Harley Street. Diolch i hwnnw, bu Ron fyw 63 mlynedd yn hwy na phroffwydoliaeth yr arbenigwr honedig cyntaf hwnnw.

Toc wedi i fi briodi ar Ddydd Gŵyl Ddewi yn 1969 a symud i fyw i'r Lôn Gefn yn Aberystwyth y dechreuodd y bartneriaeth newyddiadurol rhwng Ron a minnau o ddifrif. Stryd unffordd yw'r Lôn Gefn, neu Grays Inn Road, i roi iddi ei henw gwreiddiol. Stryd gul hefyd a cheid tagfa draffig byth a hefyd ynddi. Yn amlach na pheidio, Ron wnâi ei hachosi. Wn i ddim sawl tro y clywais sŵn corn yn bugunad y tu allan, a'r solo'n troi'n gorws o gyrn wrth i Ron barcio'n union o flaen drws fy nghartref.

A minnau, hwyrach, ar ganol gwaith, yn bwyta neu yn y tŷ bach, rhaid fyddai rhuthro i'r drws. Gwelwn wyneb barfog Ron wedi'i fframio gan ymylon ffenest agored ei gar. Ac yna'r geiriau agoriadol arferol:

'Jwmpa miwn, gwd boi. Mae gen i jobyn bach i ti.'

Minnau, er mwyn tawelu'r corws cras o gyrn yn bennaf, yn ufuddhau. Neidio i'r car gan adael drws y tŷ heb ei gloi a Ron yn gyrru draw i rywle lle gallai barcio heb ennyn dicter gyrwyr diamynedd. Yno yr adroddai ei neges gan ddatgelu bod ganddo stori dda i'r *Cymro*.

Gallasai Ron fod wedi ffonio cyn cychwyn o Aberaeron i'm rhybuddio y byddai'n galw. Ond na, doedd trefnu rhag blaen ddim yn rhan o'i natur. Bant â ni wedyn i ble bynnag byddai lleoliad y stori. Weithiau chawn i ddim gwybod ble byddai pen y daith nes i ni gyrraedd yno. Ie, 'mystery tour' yn aml fyddai teithiau Ron, ond fydden nhw byth yn 'museri tŵr' chwedl Ifas y Tryc.

O gyrraedd pen y daith, fy ngorchwyl cynta fyddai llusgo'r gadair olwyn o gefn y car, ei hagor allan fel consertina a'i gwthio at ddrws agored y gyrrwr. Yna sicrhau bod y brêc yn ei le. Wedyn, gydag osgo a fedrai gywilyddio acrobat, byddai Ron yn swingio'i hun o'i sedd yn y car i'r gadair gan esmwytho'i hun ar hen ddiwbyn car llawn aer. Yna, byddai'n rhaid i fi ei wthio i ble bynnag byddai'r stori, neu'n hytrach y llun.

I Ron mae'r diolch am i fi ddod i werthfawrogi llawer o anghenion pobl anabl. Dysgais hefyd anghenion gwthiwr cadair olwyn. Meddyliwch am wthio cadair i fyny'r grisiau. Wel,

61

dysgais ei bod hi'n amhosibl gwneud hynny ac mai ei thynnu i
fyny yw'r unig ffordd. Rhaid troi'r gadair o gwmpas a'i gwyro
fel bod y pwysau ar yr olwynion ôl, tra byddai'r olwynion blaen
i fyny yn yr awyr. Yna, defnyddio bôn braich a'i llusgo ar fy ôl.
Ar gyfer disgyn i lawr y grisiau, y gyfrinach yw gwyro'r gadair
unwaith eto i ongl o 45 gradd a'i gollwng i lawr yn araf, ris
wrth ris, dwmp-di-dwmp.

Welais i neb erioed oedd yn fwy adnabyddus, a hynny gan
fonedd a gwrêng. Byddai pawb yn ei gyfarch a phawb yn
barod i gydweithio gydag ef. Llwyddai i droi ei anfantais yn
fantais. Cofiaf ef yn cyrraedd yn hwyr i'r Coroni yn Eisteddfod
Pantyfedwen yn y Bont. Roedd y seremoni'n dod i ben, yr
Anthem ar ei hanterth pan gyrhaeddodd Ron, y cledd wedi'i
gweinio a Jacob Davies newydd osod y Goron ar ben y bardd
buddugol. Yna, dyma Ron yn sgrialu i lawr yr eil fel Stirling
Moss cyn sgrechian i stop lathenni o'r llwyfan a gweiddi:

'Diawch, Jacob, wnei di hynna unwaith 'to er mwyn i fi gâl
llun?'

Ac wrth gwrs, dyma Jacob yn ufuddhau. Coronwyd y bardd
yr eilwaith. A bedyddiwyd Ron gan Jacob yn Farf y Gadair.

Mae'r hanesion am Ron yn lleng. Tynnu llun priodasol
mewn mynwent, a bu'n rhaid iddo facio'n ôl yn araf er mwyn
fframio'r llun yn well. Roedd Ron yn berffeithydd. Ond, yn
sydyn, disgynnodd y gadair a Ron i mewn i fedd gwag newydd
ei agor.

Ym mart Castellnewydd Emlyn wedyn, a Ron yn saethu
ffilm ar gyfer newyddion HTV. Doedd lluniau cyffredin ddim
yn ddigon da i Ron. Roedd e'n artist, a rhaid oedd adlewyrchu
hynny. Penderfynodd ddilyn buwch i mewn i'r cylch a ffilmio'r
cyfan, y ffocws ar ei chrwmp a'i phen-ôl. Yn sydyn fe stopiodd
y fuwch a bacio'n ôl yn araf. Methodd Ron â datgloi brêc y
gadair mewn pryd. Digwyddodd yr anochel. Cododd y fuwch
ei chynffon a chwistrellodd gawod ddrewllyd o ddom hylifol
dros Ron. Roedd y fuwch, yn amlwg, wedi bod yn pori'n hir
ac yn helaeth mewn cae o feillion a hynny wedi arwain at bwl
cas o'r bib. Tynnodd Ron ei facyn poced allan i sychu ei wyneb.

A dyma wraig fach oedd yn sefyll gerllaw yn cynnig cyngor iddo:

'Ron bach, dyw'r macyn ddim digon mawr. Mae angen shît arnoch chi.'

A Ron yn ateb:

'Fenyw fach, odi chi ddim yn meddwl fod digon o shit drosta i'n barod?'

Un dydd ger ei gartref roedd ar ei ffordd i'r siop pan ddymchwelodd y gadair. Yno, a Ron ar ei hyd yn ddiymadferth ar y palmant dyma fenyw yn sefyll uwch ei ben ac yn gofyn:

'Odi chi isie help i godi, Ron?'

A Ron yn ateb:

'Diolch am y cynnig, cariad, ond na, rwy'n gwneud hyn bob bore dydd Iau. Ond dw i'n gwerthfawrogi'ch consyrn.'

Doedd dim byd na wnâi Ron roi cynnig arno. Gan ei fod e'n gaeth i'w gadair roedd e'n gyfyngedig o ran saethu lluniau o wahanol lefelau. Ni fedrai sefyll ar ei draed, felly tynnu lluniau o lefel isel fyddai ei unig ddewis. Ond er mwyn amrywiaeth fe'i gwelais unwaith, ef a'i gadair, yn hongian wrth fachyn craen. Dro arall, saethodd luniau yng Nghenarth o gwrwgl ar afon Teifi.

Yn ei angladd llifai'r holl atgofion hyn yn ôl. A phan ddaeth y gwasanaeth i ben, cyn i'r arch gael ei chludo i fyny'r rhiw i fynwent Hen Fynyw, cafwyd un digwyddiad annisgwyl arall. Ailgododd y triawd jazz a tharo nodau hoff gân Ron, 'Hit the Road, Jack,' clasur Curtis Mayfield a anfarwolwyd gan Ray Charles. Cododd y gynulleidfa fel un dyn i guro dwylo wrth gadw amser.

Hit the road, Jack,
And don't you come back
No more, no more.

Yna'r geiriau pwrpasol:

You must be joking!

Y tu allan roedd yna ddwsinau'n llenwi'r stryd, pob un â'i wahanol stori, pob un â'i hoff atgof am Ron. Roedd gwên ar wyneb pawb. Dim deigryn. Dim galar. Roedd yna chwerthin yn y glaw wrth ddwyn ar gof hanesion am ddyn dewr a doniol a wrthododd farw pan oedd disgwyl iddo wneud hynny. Gŵr a chwarddodd yn wyneb angau.

Yn ei deyrnged fe soniodd y Parchedig Goronwy Evans, Llanbed am y tro diwethaf iddo sgwrsio â Ron, a hynny dros y ffôn. Ei neges oedd ei fod am i Goronwy offrymu iddo'r eneiniad olaf. Awgrymodd Goronwy y dylai, felly, yrru draw ato ar fyrder i Aberaeron.

'Na, na,' medde Ron, 'ddim nawr. Rwy'n bwriadu byw am sbel fach 'to.'

Ac fe wnaeth, a chyn iddo hitio'r ffordd am y tro olaf, fe wnaeth barhau i fyw ei fywyd i'r eithaf. Ble bynnag y mae Ron ar hyd y ffordd honno, mae'n siŵr ei fod wedi parcio ar ganol pont fel hon. Mae'n pwyso allan drwy'r ffenest ac yn tynnu sgwrs â rhywun neu'i gilydd gan anwybyddu'n llwyr y ciw o'i ôl ac ubain y cyrn lloerig. Doedd Ron ddim yn un i hasto. Cas beth ganddo fyddai torri sgwrs ar ei hanner. Dim ond yn ei amser ei hun y gwnâi symud ymlaen a hitio'r ffordd.

8

PE (Dim dyddiad)

DIM OND UNWAITH y medra i gofio iddo fod yma erioed. Fe fu yn y pentre droeon ond dim ond unwaith y medra i ei gofio'n sefyll a phwyso ar y bont fan hyn. Yma am y dydd yn hel mwsogl ar ymylon y gors roedd e. Ond daeth draw i'r Red am beint ac fe oedodd am sgwrs ar y bont, lle torrodd lythrennau cynta ei enw. Doedd ganddo ddim amser i ychwanegu'r flwyddyn. Roedd peint yn ei aros. Ond tua 1960 oedd hi, mae'n rhaid.

Aberystwyth oedd cynefin Paul Edwards. Un dydd yn nhafarn yr Angel dechreuodd dieithryn wawdio Aber gan ddisgrifio'r dref fel 'twll tin y byd'. Ymatebodd Paul yn gynnil ac y gwta,

'Ydi, twll tin y byd, hwyrach. A thithe'n pasio drwyddo, mae'n debyg.'

A rhyw basio drwyddo roedd e pan oedodd yma. Yn wir, y tu allan i'w gynefin, rhyw basio drwyddo fu hanes ei fywyd. Tu hwnt i ffiniau tref Aberystwyth byddai fel pysgodyn allan o'r dŵr. Fe'i gwelaf nawr yn pwyso ar reiliau'r Prom ger yr harbwr, hanner gwên ar ei wyneb, yn syllu tua'r gorwel gydag un llaw'n cysgodi ei lygaid rhag y machlud. Atgoffai fi o'r darlun hwnnw gan Millais o Blentyndod Raleigh. Safai yno'n myfyrio. Dweud dim am sbel. Minnau o'r diwedd yn ei brocio:

'Beth sy ar dy feddwl di, Paul?'

Yntau'n ateb yn floesg, ar ôl chwe pheint o gwrw chwerw yn yr Hen Lew Du:

'Rwy wedi dweud a dweud ers tro y byddai Aber yn edrych yn well petai ynys fach yn cael ei chodi mas fan draw yng nghanol y bae. Ond does yna ddiawl o neb sy'n fodlon gwrando.'

Aberystwyth oedd ei Eden, yn arbennig felly harbwr y dref. Petai modd ei dorri yn ei hanner byddai enw Aberystwyth i'w weld yn rhedeg drwyddo fel llythrennau yn rhedeg drwy ddarn o roc. Fe'i ganwyd i fod yn forwr, ac ym mreichiau'r môr y dewisodd farw.

Cafodd Paul fagwraeth freintiedig. Ei dad oedd Crwner y sir. Gallasai fod wedi elwa ar ei gefndir cefnog. Fe'i hanfonwyd, yn groes i'r graen, i wahanol ysgolion bonedd. Ond adre y dihangai bob tro. Un o'r ysgolion hynny oedd Ysgol Ragbaratoawl Abermâd ger Llanilar. Er mor agos oedd honno i'w gartref, fe wnaeth benderfynu un dydd godi ei bac. Fe wnaeth ddwyn canŵ oedd yn perthyn i'r ysgol a rhwyfo'r tair milltir ar hyd afon Ystwyth i harbwr Aber ac yna cerdded adre i gyrion Llanbadarn Fawr.

Blinodd ei rieni ar ei stranciau o'r diwedd a chaniatáu iddo fynychu'r ysgol uwchradd leol, Ysgol Ardwyn. Yno roedd e pan ddeuthum i'w adnabod. Ym mabolgampau ysgolion y sir oedd hynny, nôl yn 1957. Roedd e'n gampwr nodedig, a chynrychiolodd Gymru mewn taflu pwysau. Roedd e'n ganolwr peryglus a allasai'n hawdd fod wedi ennill cap rygbi petai wedi ymroi. Roedd e'n focsiwr da hefyd.

Ond gwrthododd Paul bob braint a dewis rhwyfo'i gwch ei hun, a hynny'n llythrennol. Yn yr harbwr y treuliai ei fywyd yn dal pen rheswm gyda'r cymeriadau morwrol fel Ben White a'r Capten Baden Davies, yn trin ei gwch bach, yn trwsio'i rwydi ac yn pysgota. Doedd neb yn debyg iddo am ddal crancod a'u paratoi i'w bwyta. Droeon cefais ganddo granc, y cig gwyn a'r cig coch wedi'u cyfosod yn y gragen. Ac er gwaetha'i hoffter o gwrw, roedd e'n arbenigwr ar winoedd da.

Mae yna glasur o stori amdano unwaith yn gwerthu crancod ger yr harbwr. Cawsai brynhawn proffidiol. Dim ond un cranc oedd ar ôl yng ngwaelod y bwced enamel gwyn, a Paul wedi llowcio'n hael yn nhafarn y Castell gerllaw pan arhosodd rhyw wraig o Ganolbarth Lloegr a syllu ar y creadur. (Ar y cranc, nid ar Paul). Wrth sgwrsio ag ef holodd y wraig:

'Ai cranc yw hwnna?'

'Ie, mysus, cranc yw e.'

'O, faint ydi e?'

'Punt a chweugen.'

'O ie? Beth ddylwn i ei wneud ag e wedi'i brynu? Ei goginio?'

'Nage, mysus. Ewch ag e adre i Birmingham. Gosodwch e ar eich lawnt ac fe wnaiff dorri'r borfa i chi.'

Bu ganddo gi defaid yn gydymaith ffyddlon am rai blynyddoedd. Enw'r ci oedd Shenker, a chaem weithiau berfformiad byrfyfyr ar y stryd gyda Paul yn jyglan yr hen gi drwy ei daflu fyny i'r awyr a'i ddal o flaen cynulleidfa lygadrwth. A'r hen Shenker wrth ei fodd.

O sôn am gi, un dydd, a Paul yn llowcian yn yr Hen Lew Du, cerddodd hen gyfaill iddo i mewn gyda daeargi ar dennyn. A dyma Paul yn taflu cyfarchiad ar ffurf cwestiwn:

'Beth yw'r llygoden fawr salw 'na sydd gen ti?'

A'i ffrind yn ateb:

'Nid llygoden fawr ydi e ond ci.'

Ateb Paul oedd:

'Â'r ci ro'n i'n siarad.'

Er yn ddyn trefol, dyn byd natur oedd Paul. Gwyddai am y lleoliadau mwya ffrwythlon ar gyfer casglu madarch. Gwyddai am bob gwely cocos. Medrai droi ei law at goedwigo ac, yn wir, symudodd i fyw i'r wlad am gyfnod, yn Llandre. Er y cyfeiriai Paul at y pentre fel 'Laundry'. Yn ôl un cyfaill a fyddai'n ymweld ag ef weithiau, roedd yna lygod mawr yn cyd-fyw gyda Paul. Ond yn hytrach na cheisio'u dal, byddai Paul yn eu bwydo.

Medrai droi ei law at unrhyw orchwyl. Pan symudais i fyw i'r Lôn Gefn yn Aber roedd angen ail-osod y pibellau carthion. Dyma recriwtio Paul a'i gyfaill mawr o'r Borth, Bill Doyle, yn wreiddiol o Swydd Armagh. Paul fyddai'n cludo'r anghenion, fel tywod a sment mewn trelyr y tu ôl i'w gar. Un dydd cyrhaeddodd nid yn unig heb y tywod a'r sment ond hefyd heb y trelyr.

Bu'n alltud ar wahanol adegau. Treuliodd gyfnod yn Sweden. Bu'n rhedeg stondin mewn marchnad awyr agored yn

Llundain. Daeth yn gyfaill â rhai o selebs y cyfnod, yn cynnwys yr actorion Terence Stamp a Joan Collins. Yn wir, ceisiodd y Fonesig Collins ennill ei ffafrau unwaith. Gwrthododd Paul hi. Stori wneud? Dim o'r fath beth. Chlywais i erioed unrhyw gelwydd yn croesi ei wefusau. Ond ble bynnag yr âi, Aber oedd ei gartref naturiol, ac yn ôl y deuai.

Er gwaethaf ei ymddangosiad di-hid, roedd Paul, yn ei hanfod, yn ddyn meddylgar a difrifol. Yn wir, dyn digon swil oedd e. Cymerai beint neu dri i'w fywiocau. Yna, caem y Paul Edwards a'i gwnâi'n gyfaill i bawb. Roedd ei hiwmor yn gwbl unigryw a thyfodd hanesion amdano'n fabinogi a adroddir hyd y dydd heddiw.

Doedd Paul ddim yn ddyn uchelgeisiol. A dweud y gwir, dim ond dwy freuddwyd oedd ganddo. Un oedd adeiladu llong ar batrwm yr hen longau Llychlynnaidd. Yr ail, cael byw'r drws nesaf i dafarn. Gwireddodd yr ail gan brynu tŷ'r drws nesaf i dafarn y Ship and Castle ym mhen ucha Aberystwyth. Un hwyrnos cerddodd i mewn i'r bar cefn yn cario gwydr peint gwag y dymunai ei ail-lenwi. Dim ond wrth iddo gyrraedd y cownter y sylweddolodd ei fod e'n gwbl noeth.

Y tu ôl i fwgwd y clown roedd Paul yn ddyn dwys ac er gwaetha'i ymddangosiad allanol fel dyn caled, ei brif nodweddion oedd ei dynerwch a'i garedigrwydd. Ni welais mohono erioed yn fygythiol. I'r gwrthwyneb, fe'i gwelais yn derbyn curfa heb godi bys i'w amddiffyn ei hun. Hynny, er gwaetha'r ffaith y medrai lorio, pe mynnai, unrhyw wrthwynebydd yn hawdd. Ond heddychwr oedd Paul.

Yn eironig, cyhuddiadau ffals o ymddwyn yn fygythiol wnaeth ddryllio'i fywyd. Fe'i cafwyd yn euog mewn llys barn o fygwth barman a barmed. Torrodd ei galon. Effeithiodd hyn yn fawr ar ei ymarweddiad. Ni fu'r un fath byth wedyn. Suddodd i ryw ddyfnder tywyll. Rhoddodd y gorau i yfed, hyd yn oed. Ofnai'r syniad o fynd yn hen a gorfod treulio blynyddoedd olaf ei fywyd mewn cartref yr henoed. Yna, ychydig ddyddiau cyn y Nadolig yn 2012 gyrrodd draw i'r harbwr. Aeth i'w gwch, codi'r angor a'i chlymu o gwmpas ei ysgwyddau. Neidiodd i'r dwfn.

Bu farw yn y man mwyaf cymwys posibl, yn y môr a garai gymaint. Yno, fe'i cofleidiwyd gan y tonnau a fu gynt yn cynnal ei gwch bach. Canfuwyd ei gorff gan gyfaill o bysgotwr. Roedd wedi gadael nodyn o ffarwél yn ei gar. Ni, ei hen ffrindiau sydd yn awr yn gorfod dygymod â'r trai.

Mae Aber yn lle llawer tawelach heb Paul. Pan welais ef ddiwethaf, ychydig wythnosau cyn iddo farw, teimlai'n isel. Teimlai fod Aber wedi dirywio fel tref. Gwelai hen gymeriadau'r harbwr yn diflannu ac un o'i sylwadau olaf oedd:

'Ry'n ni, y bobol leol, yn cael ein gwthio i'r môr gan y mewnfudwyr. Ry'n ni wedi colli'r frwydr. Mae'r hen hwyl wedi mynd.'

Ers i fi ddychwelyd i fyw yn yr hen gartre yn y Bont dros ddeng mlynedd yn ôl bellach, prin bydd fy ymweliadau ag Aber. Ond yn ddieithriad pan awn yno, rhywle neu'i gilydd byddwn yn siŵr o daro arno. Weithiau byddai ar ei feic un pedal. Deil yn ddirgelwch i fi sut medrai bedlo ac yntau wedi colli un o'r pedalau. Bob tro y ffarweliwn ag ef, fy ngeiriau olaf fyddai:

'Hwyl, Paul. Wela i di'r tro nesaf bydda i yn y dre.'

Yn ddiweddar trewais ar gân nas clywswn o'r blaen. Mark Knopfler biau geiriau 'The Next Time I'm in Town'. Dyma'r trydydd pennill:

Now the faces and the places range
'Cross the bridge of time and change
Once again I'm homeward bound;
There's one thing I promise you,
And that's another rendez-vous
The next time I'm in town.

Ond na, welais i byth mohono fe wedyn. Ar ei feic roedd e, y tro olaf i fi ei weld. Ac un pedal yn dal ar goll. Wrth bedlo bant ag un droed taflodd ei eiriau olaf dros ei ysgwydd:

'Bydd rhaid i fi fendio'r rhacsyn beic yma, rywbryd.'

Wnaeth e ddim.

Diolch, Paul am gael dy adnabod. Diolch am greu cymaint

o chwerthin ac am adael cynifer o atgofion difyr. Diolch am wneud synnwyr o fyd sy'n araf, ond yn sicr, yn mynd â'i ben iddo. Buost yn angor yng nghanol môr o wallgofrwydd. Rwy'n gweld dy golli di'n fawr, yr hen ffrind. Dyma bwt o gerdd er cof amdanat:

Mae 'na gwch bach yn hwylio mas heno
Tan gwmwl gwylanod croch,
Ei gyrchfan yw Hafan Pysgotwyr,
Draw, draw dros y tonnau ffroch.

Ar Ynys Afallon mae'r hafan,
Yn swatio yn dwt yn ei chôl,
Ac yno yr â pob hen longwr
Pan ddaw'r penllanw ola' i'w nôl.

Yn y bar sydd yn Hafan Pysgotwyr
Mae'r clychau stop tap oll yn fud,
Dydi'r cwrw ond ceiniog y galwyn,
A llygaid y barmed llawn hud.

Fydd 'na ddim gwydrau gwag i'w gweld yno,
Ar y byrddau bydd pob peint yn llawn,
Cewch yfed eich gwala drwy'r bore,
A chysgu fel pren drwy'r prynhawn.

Ac yna dihuno'n y cyfnos
Ac ail-lenwi'r gwydrau i'r fíl,
Fydd yno'r un landlord i'ch dwrdio,
A phwysicach na dim, fydd dim til.

Fydd gwaith ddim yn broblem o gwbwl,
Fydd dim angen pysgota yntôl,
Bydd y mecryll yn neidio i'r ffreipan,
Ac wedyn o'r ffreipan i'ch côl.

Mae 'na gwch bach yn hwylio mas heno,
Ac mae'r capten yn chwifio o'r trwyn,
Ei gyrchfan yw Hafan Pysgotwyr,
Ffarwél i ti, hen gyfaill mwyn.

9

DW (arall)

MAE'N SIŴR BOD yma sawl 'DW' ymhlith y cerfiadau hyn. Wncwl Dai yn un. Do, bu ac y mae sawl Dai Williams o gwmpas y lle ac amryw ohonyn nhw, o bosib, wedi cofnodi eu presenoldeb ar y canllawiau hyn. Ond mae'r Dai Williams sydd gen i mewn golwg yn sicr o fod wedi gadael ei ôl yma, a hynny fwy nag unwaith fan hyn a fan draw.

I bawb ohonon ni yn y fro, nid fel Dai Williams y cyfeiriem ni at y dyn blêr a drigai yn rhif 6 y Teros. Na, Dai Cornwal oedd e i bawb. Wn i ddim a fu'n byw yn y bwthyn o'r enw Cornwal, sy'n sefyll y tu hwnt i Ystrad Fflur. Mae'n sicr nad oedd ganddo unrhyw gysylltiad â Chernyw. Ond Dai Cornwal oedd e, ac fel Sal Cornwal y cyfeirid at ei wraig. Alun Cornwal oedd y mab ac Annie Mary Cornwal oedd y ferch. Yn wir, dim ond un enaid byw wnâi amrywio llysenw Dai, a Tom Gwynfa oedd hwnnw. Enw Tom ar Dai Cornwal oedd Dei Cromwel. A wir i chi, roedd llawer o nodweddion yr hen Oliver yn Dai. Catholigion oedd bwganod Oliver. Doedd gan Dai Cornwal ddim byd da i'w ddweud wrth unrhyw enwad na chrefydd.

Y rheswm i fi fod yn siŵr i Dai Cornwal gerfio'i enw yma ar y canllaw yw'r ffaith y'i gwelid ef byth a hefyd â chyllell boced yn ei law yn naddu neu'n cerfio rhywbeth neu'i gilydd. Byddai ei gyllell ddeulafn bob amser yn finiog.

'Ma' digon o awch ar hon i sbaddu malwod, gwd boi. Fuodd rasel Iddew erio'd mor sharp â hon.'

Wn i ddim am sbaddu malwod. Ond fe wnaeth Dai sbaddu ambell i oen. Treuliai oriau'n eistedd ar wal yr ardd ffrynt yn naddu darn o bren wrth wylio'r byd yn mynd heibio. Yn achlysurol, byddai'n rhedeg llafnau ei gyllell ar hyd y llechen wastad a frigai dop y wal isel er mwyn eu cadw'n finiog. Yna âi ati i naddu mwy o ddarnau o bren wrth ddal i wylio'r byd yn mynd heibio. Ar draws y wal, yn ddieithriad yn dal pen rheswm, byddai Tom Tomos. Weithiau, tra byddai Dai'n naddu byddai Tom yn rhedeg clwtyn yn gariadus dros ei foto beic *Bantam* gwyrdd. Beth bynnag fyddai barn Dai ar unrhyw bwnc, adleisiai Tom ei gydsynied parod.

'Wrth reswm, Dai. Wrth reswm.'

Ond siaradai Tom gyda rhyw gyffyrddiad bloesg, a swniai'r geiriau fel,

'Wsh eshwm, Dai. Wsh eshwm.'

Tra byddai Dai a Tom yn dal pen rheswm, neu 'ben eshwm' dros y wal, byddai eu gwragedd, Sal a May, yn clebran o gwmpas y tap dŵr a osodwyd o fewn cwt bach isel o frics coch a chap crwca o goncrid ar ei ben. Byddai cymdogion yn y dyddiau hynny'n treulio mwy o amser yn cloncan y tu allan nag y bydden nhw'n eistedd yn eu tai. Rhyfedd fel y gwna traddodiadau barhau gan mai o gylch ffynhonnau y gwnâi'r gwragedd grynhoi i sgwrsio slawer dydd. Wrth Ffynnon Jacob y bu Crist ei hun yn sgwrsio â'r wraig honno o Samaria.

Na, does dim byd yn newydd er bod hen dapiau dŵr allanol y pentre oll bron wedi diflannu erbyn hyn. Erys tap y Teros ond heb ei gwt bach brics coch a'i gap concrid. Fydd neb siawns yn ei ddefnyddio bellach ac yn sicr neb yn crynhoi o'i gwmpas i gloncan.

Roedd Dai Cornwal yn arbenigwr ar lunio whisls. Medrai lunio rhai o bren collen, pan fyddai'r pren hwnnw yn ei dymor bob gwanwyn a haf, yr adegau pan fyddai'r sudd ar ei benllanw. At Dai y deuai bugeiliaid y fro pan fyddai angen whisl newydd. Creodd whisl unwaith allan o ddarn o alwminiwm a achubodd o'r awyren *Wellington* a ddisgynnodd adeg y rhyfel ar y mynydd ar Ben Bwlch. Yn dilyn llwyddiant y prototeip, aeth ati i lunio mwy gan eu rhannu rhwng ffrindiau. Ychydig flynyddoedd yn ddiweddarach roedd whisl Dai Cornwal wedi'i chofrestru fel patent gan rywun diegwyddor. Petai Dai wedi hawlio'r patent hwnnw buasai wedi gwneud celc bach net.

Unwaith i chi weld Dai Cornwal, wnaech chi byth mo'i anghofio. Tynnai ei wyneb sylw ar unwaith ar gownt ei allu i'w newid. Roedd gan Dai wyneb India rybyr. Byddai'n llurgunio'i fochau a'i wefusau yn ôl ei hwyl, gan amrywio o wên, i grechwen, i wg. Fyny yn Cumbria, yn Ffair Falau Surion Egremont, ceir hen gystadleuaeth draddodiadol ar gyfer pobol o'r fath, un sy'n mynd yn ôl i'r drydedd ganrif ar ddeg. Gelwir y traddodiad yn 'gurning'. Bydd yr arbenigwyr yn medru gweddnewid eu hwynebau ar amrantiad gan wthio'r ên allan mor bell â phosib, codi'r wefus isaf dros yr uchaf a hyd yn oed dros flaen y trwyn. Medrai Dai, pe cawsai'r cyfle, fod wedi herio'r goreuon heb unrhyw drafferth. Ond yn wahanol i'r cystadleuwyr yn Egremont, llurguniadau cwbl anfwriadol fyddai rhai Dai.

Cadwai ei gyllell ym mhoced dop ei wasgod ddu, honno dros grys gwlanen di-goler. Gwisgai drowser brown cordiwroi, eu gwaelodion wedi eu clymu â chortyn, neu 'Yorks'. Welais i erioed 'mo Dai Cornwal heb ei gap. Ni wnâi godi ei gap stabal i'r un Lord na'i ddiosg o ran parch hyd yn oed pan fyddai angladd yn mynd heibio. Wrth gneifio byddai'r cneifwyr oll yn diosg eu capiau cyn mynd i'r tŷ am ginio. Ond na, nid Dai. Byddai'n arferiad ar ddiwrnod cneifio i'r llanciau mwyaf drygionus, adeg cinio, ddwyn pwdinau bwytawyr eraill. Pan gyrhaeddai pwdin Dai, poerai i'w ganol i sicrhau mai ef, a dim ond ef fyddai'n ei fwyta.

Byddai cael Dai ar y ffarm ar ddiwrnod cneifio yn fonws i unrhyw ffermwr defaid. Y gamp fwyaf i gneifiwr yw cneifio oen yn ddestlus gan fod cnu'r epil yn llawer tynnach nag un ei fam a'i dad. Roedd Dai Cornwal yn gampwr ar gneifio ŵyn. Fel ei gyllell, byddai ei ddau wellaif yn ddigon miniog i gneifio gwsberen. Cariai ddau wellaif bob amser. Pam? Fel bod ganddo un wrth gefn pan wnâi'r llall ddechrau poethi!

Dangosai'r un deheurwydd wrth drin siswrn. Ef oedd un o ddorrwyr gwallt answyddogol y pentre. Ymestynai ei batshyn o'r

Teros hyd at yr afon. Petai'n croesi'r bont byddai'n tresbasu ar batshyn Dai Jones y Cobler, neu Dai Cob, a ddyblai fel barbwr yn ei weithdy a oedd yn rhan o'i gartref, Rhydteifi. Roedd gan Dai Cornwal frawd o'r enw Ned. Ac ie, fel Ned Cornwal y câi ei adnabod. Ned oedd postman y fro, felly teithiai filltiroedd maith, ar droed ac ar feic yn dosbarthu. Petai cerdyn post ymhlith y llythyron, mynnai ei ddarllen yn uchel i'r derbynnydd cyn ei ollwng o'i law. Synnwn i ddim na fyddai'n gwybod cynnwys ambell lythyr hefyd.

Buasai Ned yn y Rhyfel Mawr. Yn nhrymder gaeaf yn un o ffosydd Gwlad Belg, rhewodd ei ddwylo wrth faril ei wn. Collodd flaenau bysedd ei ddwy law. Er hynny, ni welid neb yn fwy medrus wrth rolio ffags. Pan ddeuai'n adeg i Nhad gywain gwair ar ein un cae dwy erw, Ned fyddai'n llusgo'r rhaca fawr, y dragon fel y câi ei hadnabod. Pan ddeuai'n amser i Nhad estyn cildwrn iddo, geiriau Ned fyddai,

'Diawl, na Moc! Cymer 'i hanner e nôl!'

Ond erbyn hynny byddai'r papur chweugain wedi'i wthio'n ddwfn i'w boced tin.

Roedd y ddau frawd o natur wahanol. Tra byddai Dai'n chwarae triciau byth a hefyd, y ffair a phobol y ffair fyddai diddordeb mawr Ned. Bûm yn helpu Dan, fy mrawd, ar rownd bapurau Sul am gyfnod a Ned fyddai'r unig gwsmer i dderbyn y cylchgrawn *World Fair*. Roedd ganddo ddiddordeb mawr, yn arbennig ym merched y ffair. Soniai'n aml wrth Nhad wedyn am ferched Gwlad Belg, yn enwedig y rheiny a welsai adeg y rhyfel mewn rhyw stryd amheus a alwai'n 'Riw de Galiwns'.

Un tro aeth menyw ar goll yn yr ardal, sef Meri Tŷ'n Coed. Yn wir, Nhad a Morgan Jones y Wernfelen wnaeth achub ei bywyd o'i chanfod wedi disgyn i ffos ger ei chartref. Awr yn hwy yn y dŵr a byddai Meri, druan, wedi marw o oerfel. Mynnai Ned gael y stori'n llawn gan Nhad y bore wedyn uwch ei baned. Neu'n hytrach, uwch ei soser. Arllwysai Ned ei de o'r cwpan i'w soser er mwyn oeri'r te. Yna, codi'r soser at ei geg a chwythu drosti cyn sipian yn swnllyd. Disgrifiodd Nhad yr anhawster a gafwyd i ddadebru Meri Tŷ'n Coed. Aeth ymlaen i ddweud sut y bu'n rhaid diosg ei dillad a'i gosod i orwedd o flaen y tân ar aelwyd Tŷ'n Coed a rhwbio'i breichiau a'i choesau.

'Diawl, Moc,' meddai Ned, ei law dros ei geg, 'o'dd hi'n borcen?'

'Oedd, Ned.'

Bu tawelwch am ychydig wrth i Ned ddychmygu'r sefyllfa.

'Wel, wel! Yn borcen!'

Tawelwch eto a slochiad o de. Yna, dod at y cwestiwn mawr,

'Gwed 'tho i Moc, shwd o'dd pethe lawr sha Dolgwm?'

Ond roedd Dai, yn wahanol i Ned, â natur fwy cellweirus. Yn wir, fyddai dim yn well ganddo na chwarae triciau ar bobol, a'r rheiny'n hen driciau dan din weithiau. Ei hoff dric fyddai codi ofn ar bobol drwy ryw gydio sydyn a gweiddi.

Bu bron i un o'i driciau achosi harten i Tom Bryngors, druan. Safai Bryngors, murddun erbyn hyn, led cae o'n tŷ ni a rhedai llwybr ar hyd ymyl y Weun Galed ac allan i'r ffordd fawr ger talcen tŷ ni. Rhwng y cae a'r ffordd fawr ceid llidiart gyda chadwyn yn ei gadw ynghau. Er mwyn agor y llidiart o'r tu mewn, rhaid fyddai gwthio llaw rhwng estyll y gât er mwyn datgysylltu'r gadwyn oddi ar hoelen a'i daliai ynghau. Rhaid bod Dai wedi gweld golau tortsh Tom yn dynesu ar hyd y llwybr un noson. Cuddiodd o dan y berth ac wrth i Tom wthio'i law rhwng yr estyll i ddatgysylltu'r gadwyn, gafaelodd Dai ynddi a sgrechian. Rhedodd Tom druan adre nerth ei draed, wedi cael llond bol o ofn. Ni fentrodd allan ar hyd y llwybr wedi nos am wythnosau wedyn.

Pryd bynnag y gwnaech gwrdd â Dai ar y ffordd a gofyn iddo i ble roedd e'n mynd, fe geid un o ddau ateb. Naill ai, 'i hela wowcs!' neu 'i Ilfracombe!'

Dyna fyddai dull Dai, yn y ddau achos, o ddweud, 'Meindia dy fusnes!'

Ie, Dai Cornwal, y dyn â'r mynych wynebau. Gelwid yr actor Lon Chaney 'y dyn gyda mil o wynebau'. Tystiaf fod gan Dai Cornwal fil ac un. Gadawodd ei farc mewn gwahanol fannau ar ystlys y bont. Ymhle'n union sy'n fater arall.

Mae'n siŵr iddo gyrraedd ei Ilfracombe erbyn hyn, lle mae wrthi'n hela wowcs. Cofiwch, yn Nyfnaint mae Ilfracombe, nid yn y sir nesaf, Cernyw, neu Cornwal i fi a chi. Da o beth yw hynny. Fyddai Dai Dyfnaint ddim yn swnio'n iawn, rhywfodd.

10

WEJ 1953

MAE YNA UN cofnod na fedraf yn fy myw â dirnad pwy wnaeth ei gerfio. Ac er i fi geisio meddwl a meddwl dros nifer o flynyddoedd pwy allai'r gwrthrych fod, rwy'n dal yn y niwl. Fedra i ddim cofio am yr un William Evan Jones na Walter Elwyn Jenkins. Dim un Watkin Edward James na Wilfred Edwin Jarvis. Rwy'n dal i bendroni.

Gan i fi hitio fy mhen mor aml ac mor ofer yn erbyn wal y cof euthum ati i greu cymeriad a allai ffitio'r gofyn. Nid yn gymaint drwy greu cymeriad ond dwyn cymeriad o fyd llên a mynnu iddo ymweld â'r fro gan dorri'r tair llythyren a'r flwyddyn 1953 ar ganllaw'r bont.

Y gŵr wnes i ei ddewis i ffitio'r galw oedd y Capten W E Johns, creawdwr un o arwyr fy llencyndod. Yr arwr hwnnw oedd James Bigglesworth neu Biggles. Ac yn 1953 y cyhoeddwyd cyfrol Johns, *Biggles in the Gobi*.

Biggles oedd yr arch Brydeiniwr, cymeriad a fyddai'n cael ei ystyried heddiw yn gwbl hiliol. Yn ddiweddar cefais reswm dros ddwyn yr arch Brydeiniwr hwn i gof. Rhyw bori drwy un o'r tabloids roeddwn i pan drawyd fi gan adlais o'm glas lencyndod. Dyma daro ar erthygl yn datgelu fod yr arwr mawr mewn llyfrau Saesneg i lanciau a ddarllenwn nôl yn y pumdegau cynnar yn ddyn go iawn. Ie, yr arwr mawr oedd Biggles, neu Captain James Bigglesworth, DSO, MC a Bar, brenin yr awyr ac amddiffynnydd y bywyd gwâr. Byrdwn yr erthygl oedd yr honiad bod Biggles, creadigaeth honedig ddychmygol y Capten W E Johns, wedi bodoli go iawn.

A dyma fi'n dechrau meddwl. Ai fi oedd y llanc hwnnw a addolai Biggles, y Brit mawr ac arch elyn pob Jyrman, Ffrogi, Dago a Ryski? Hynny yw, gelyn unrhyw un nad oedd yn Brydeiniwr? Ie, waeth i fi gyfaddef, fi oedd hwnnw.

Fe fyddai trafod ein harwyr, ffeithiol a dychmygol, yn rhan naturiol o'r dyddiau a'r cyfnosau pan wnaem ymgasglu ar y bont fan hyn i sgwrsio, dadlau a herio. Welwch chi neb, bron, yn sefyllian ar ben y bont heddiw, gan fod amlder y drafnidiaeth a'i chyflymdra yn ei gwneud hi'n beryg bywyd oedi yma. Ond yma byddai senedd y fro yn cwrdd. Yma y byddem, bob oedran, yn brolio a checru am ffwtbol a merched, ac am ferched a ffwtbol. Yma y byddem yn trafod y pictiwrs a ddangosid yn Neuadd yr Eglwys bob nos Wener. Yma y trafodem ein harwyr o fyd chwaraeon a ffilmiau, dramâu a llyfrau. Bûm yn destun gwawd am wythnosau wedi i fi ddatgelu un tro, ar awr wan, mai fy arwr mawr oedd Biggles. Ond dyna fe, doedd yna ddim arwyr Cymraeg bryd hynny, ar wahân i Gari Tryfan. Ac er i fi chwilio a chwilio, ni wneuthum erioed ganfod y llythrennau 'GT' ar ystlys y bont.

Rwy'n beio cylchgrawn o'r enw *Boy's Own Paper*, a elwid yn *'BOP'* am sbarduno'r cyfan. Fe fyddwn i'n mynd ar rownd bapurau newydd gyda Dan, fy mrawd hynaf, bod dydd Sul am dipyn. Yn ogystal â phapurau roedd yna gomics fel *Dandy* a *Beano*. Cofiaf yn dda ymddangosiad *The Eagle* yn 1950, gyda Dan Dare, Peilot y Dyfodol. Ond brenin y comics oedd *BOP*. Nid comic oedd e mewn gwirionedd ond cylchgrawn a hwnnw'n gylchgrawn Prydeinig ei ogwydd. Byddai pobl fel Baden Powell a W G Grace a'r Capten Webb yn cyfrannu iddo. I'r *BOP*, Lloegr oedd canol a chalon y byd, yn wir, Lloegr **oedd** y byd a'r bydysawd a'i cwmpasai. Aelodau bwrdd golygyddol y cylchgrawn oedd rhagflaenwyr UKIP, siŵr o fod!

Fe'i darllenwn o glawr i glawr ac erbyn diwedd y rownd bapurau byddwn wedi llyncu pob gair. Byddwn wrth fy modd yn darllen y llythyron i'r wasg. Fe gofiaf swm a sylwedd un ohonyn nhw hyd y dydd heddiw, a hyd yn oed cyfenw'r llythyrwr. Rhyw laslanc o Swydd Surrey, K Wilmot, oedd

yn ymholi. Mor ddiddorol oedd y llythyr, mor ingol fel i mi
ludio'r toriad mewn hen lyfr cownt a gadwn ar y pryd. Ac
mae e gen i o hyd. Cri o galon ddolurus K Wilmot oedd y
llythyr:

> Most boys like to think that they have a girlfriend, especially the
> 13-14 year olds. I would like an article on how to get a girl and
> when you've got her, how to keep her and please her. I would also
> like to see more articles on music. I am a trombonist in the Tiffin
> School Band.

Am ryw reswm, mae enw'r ysgol yn peri i fi chwerthin o
hyd.

Yn y *BOP* un wythnos fe gafwyd erthygl gan yr anfarwol
Stanley Mathews. Roedd crwt wedi gofyn iddo, meddai, sut
brofiad oedd chwarae pêl-droed dros Loegr?

'Wyt ti'n chwarae pêl-droed, 'machgen i?' gofynnodd y
dewin.

Fe amneidiodd y bachgen.

'Yna rwyt ti'n gwybod sut beth yw chwarae dros Loegr,'
meddai Stan. 'Bydd pob plentyn yn Lloegr sy'n gwneud ei orau
i chwarae gêm dda, lân a gwerth chweil yn chwarae dros ei
wlad.'

Ie, dam gwd show. Plei yp and plei ddy gêm!

Ond sôn am Biggles roeddwn i. Fe ysgrifennodd awdur y
gyfres, W E (William Earl) Johns, ymron i gant o nofelau yn
adrodd gwrhydri'r peilot dewr. Credwch neu beidio, ond teitl
y nofel gyntaf i greu arwr o Captain James Bigglesworth oedd
The White Fokker. Wir i chi. Dylwn brysuro i esbonio mai math
ar awyren Almaenig oedd *Fokker*. Cofiwch, i Johns, ac i Biggles,
roedd pob Almaenwr yn *Fokker* hefyd.

Gwaed tri lliw, coch, glas a gwyn oedd gwaed Biggles.
Dyma'r arwr Prydeinig delfrydol. Wedi dim ond pymtheg awr
o hyfforddiant hedfan fe'i cawn yn gwibio tua Ffrainc i saethu
Jyrmans. Tali-ho, chaps!

Achubodd Biggles Brydeindod ym mhob gwlad dan haul,

ac mae teitlau rhai o'r nofelau'n adlewyrchu hynny. 'Biggles in ... ' Medrwch ychwanegu enw unrhyw wlad dan haul. Ble bynnag y byddai'r winllan Seisnig dan fygythiad y moch tramor, byddai Biggles yno yn enw gwarineb. Cawn ddarllen am ei anturiaethau yn Ffrainc ac Affrica, Sbaen a Borneo, Mecsico ac Awstralia, Moroedd y De a'r Orient, yn y jyngl ac yn y diffeithwch. Mewn pedair nofel wahanol cawn ef yn mynd i bedwar prif gyfeiriad y cwmpawd, Gogledd, De, Gorllewin a Dwyrain. Ac ym mhobman, Biggles oedd yr archdeip o'r Sais dewr a bonheddig. Ie, 'damned decent chap', dyna Biggles.

Ond yna fe sylweddolodd yr awdur, mae'n rhaid, bod ei arwr yn perthyn i ddosbarth rhy uchel ael. Doedd Cuthbert, Cedric a Cholomondly ddim wrth ddant pob Tom, Dic a Harry. Dyma fynd ati felly i greu cyfaill ffyddlon iddo, mab i löwr o ogledd Lloegr. Yn anffodus fe'i henwodd yn 'Ginger' Hebblethwaite.

Mae'n rhaid fy mod i wedi darllen bron bob un o'r 98 o nofelau Biggles. Drwy ddarllen anturiaethau am fy arwr deuthum yn ieithydd. Dyna sut gwnes i ddysgu siarad Almaeneg. Diolch yn bennaf i *Biggles Defies the Swastika* rwy'n dal yn gwbl rugl. Gallaf ynganu 'Achtung!', 'Donner und blitzen!' 'Gott in Himmel!', 'Shweinhund!' a 'Franz Beckenbauer' gydag arddeliad gystal ag Angela Merkel, a hynny heb dynnu anadl. A nofelau Biggles wnaeth i fi sylweddoli fod pob Almaenwr yn gwisgo monocl, a bod gan bob un ohonyn nhw hefyd graith ar un o'u gruddiau, canlyniad anaf mewn gornest gleddyfa.

Rhaid fu creu cefndir dilychwyn i Biggles. Fe'i ganwyd yn India lle dysgodd siarad Hindi a gwneud ffrindiau â'r bechgyn brodorol lleol. Roedd ganddo frawd, Charles, bum mlynedd yn hŷn. Swyddog yn y Gwasanaeth Sifil oedd ei dad a daeth ein harwr draw i Loegr gydag ef ac aros gyda brawd i'w dad, a lysenwid 'Dickpa' a mynd i ysgol fonedd Malton Hall, Hartbury. Llwyddwyd i addasu ei gymeriad i gydweddu â hanes y cyfnod. Cawn ef yn hedfan awyrennau'r gwahanol gyfnodau, o'r *Sopwith Camel* yn y Rhyfel Mawr i'r *Spitfire* adeg yr Ail Ryfel Byd ac ymlaen i'r awyren jet *Hawker Hunter*. Rhwng y ddau Ryfel Byd cawn ef yn aelod o Heddlu Arbennig yr Awyr.

Roedd W E Johns yn giamster ar greu enwau addas ar gyfer ei gymeriadau. Enw cyfaill agosaf Biggles oedd Algernon 'Algy' Montgomery Lacey. Ychwanegodd gymeriadau newydd o gyfnod i gyfnod. Wedi'r Ail Ryfel Byd creodd Tex O'Hara o Decsas (ble arall?); 'Taffy' Hughes, Cymro, wrth gwrs; 'Tug' Carrington, bocsiwr o slymiau Llundain; Henry Harcourt, cyn fyfyriwr yn Rhydychen a 'Ferocity' Ferris o Lerpwl. A Lord Bertie Lissie, a gariai gorn hela gydag ef yn ei awyren. 'Tally-ho, chaps!'

Creodd arwyr eraill ar gyfer nofelau eraill a'u henwau yr un mor ddyfeisgar. Dyna i chi 'Deeley' Montfort Delaroy, y Capten Lorrington 'Gimlet' King, a ddaeth yn brif gymeriad nofelau eraill gan Johns, a'r Capten Timothy 'Tiger' Clinton. Gwnaeth gynnwys menyw, hyd yn oed, Joan Worralson, aelod o'r *WAFFS*. Cofiwch, o ran ei hymarweddiad, dyn yw 'Worralls' i bob pwrpas, dyn â phâr o fronnau ond heb fwstas.

Yn awr ac yn y man cyflwynai aelod o'r rhyw deg er mwyn dod ag ychydig o ramant i'r stori. Ysbïwraig o'r Almaen yw Marie Janis, ac ydi, mae'r hen Biggles yn syrthio mewn cariad â hi. Mae Ginger wedyn yn syrthio mewn cariad â Full Moon, merch o Bolynesia. Merch ddeniadol arall yw Consuela o Bolivia. Ond mae'r cyfan yn gwbl bropor. Dim hanci-panci. Dim Doctors a Nyrsys.

Un o'r enwau mwya dyfeisgar oedd Erich von Stalheim, Almaenwr, wrth gwrs. Ond roedd hwn yn eithriad. Bodolai cyd werthfawrogiad rhyngddo ef a Biggles. Aelod o wasanaeth cudd yr Almaen oedd von Stalheim, ac yn wahanol i'r rhelyw o'i gydwladwyr, roedd hwn yn 'good egg'. Roedd ef a Biggles fel dwy ochr o'r un *pfennig*.

Er ei hoffter o greu arwyr dosbarth canol ac uwch, roedd Johns yn hanu o gefndir gweithiol. Teiliwr oedd ei dad tra bod ei fam yn ferch i gigydd. Bu Johns ei hun yn syrfëwr ac yna'n arolygwr glanweithdra cyn ymuno â'r awyrlu.

Cofiwch, yn ddiweddarach mewn bywyd, fe brofodd yr hen W E Johns fywyd fel milwr ac fel peilot go iawn. Ni fu'n gwbl lwyddiannus yn ystod ei ddyddiau cynnar yn yr awyr.

Yn wir, malodd dair awyren o fewn tridiau i'w gilydd. Hitiodd dwyni tywod y tro cynta. Trannoeth plymiodd ef a'i awyren i'r môr a'r diwrnod wedyn, llwyddodd i hitio drws cefn cartref cydswyddog yn yr Awyrlu. Dro arall, ac yntau'n bwriadu glanio yn Hartlepool, bu am y dim iddo hitio clogwyn. Llwyddodd hefyd, wrth ymarfer saethu o'i awyren, falu ei bropelyr ei hun.

Ond doedd dim gwadu ei ddewrder. Bu'n ymladd yn Gallipoli a Macedonia ac mewn sawl uffern arall. Yn ystod yr Ail Ryfel Byd bu'n hedfan dros y Ffrynt Gorllewinol. Saethwyd ei awyren, cwympodd a threuliodd gyfnod hir mewn gwersyll garchar. Ond er iddo ddisgrifio'i hun fel Capten, ni fu erioed yn uwch na Liwtenant.

Canfuwyd cofnod yn ddiweddar am beilot yn y Rhyfel Byd cynta o'r enw James Bigglesworth. Ymddengys mai hwnnw fu ysbrydoliaeth yr awdur. Oedd, roedd yr hen Biggles yn bodoli go iawn.

Heddiw, wrth gwrs, mae'r Biggles imperialaidd a'r wefus uchaf stiff yn esgymun. Nid yw'n gweddu i batrwm y garfan hawliau dynol gwleidyddol gywir sydd ohoni. Creadigaeth ei gyfnod oedd y Capten, a heddiw mae Biggles yn hiliol. Yn ei ddydd, ar y llaw arall, roedd e'n hynod ryddfrydig ei natur. I Johns, gwladgarwr o fardd oedd Mr Kipling, nid gwneuthurwr cacennau blasus dros ben.

Yr hyn sy'n wyrthiol yw i'r arch Brydeiniwr, er iddo lwyddo i'm swyno a'm hudo yn llwyr, fethu â'm troi'n Brydeiniwr fy hun. Ond diolch amdano. Heb y Capten W E Johns a Biggles, hwyrach na fyddai'r byd erioed wedi gweld clasuron teledu dychanol fel *Monty Python's Flying Circus*, *It Aint Half Hot, Mum* na *Ripping Yarns*. Byddai hynny wedi bod yn golled enfawr.

Bu farw Johns yn 1968, flwyddyn ar ôl tranc *Boy's Own Paper*, o barchus goffadwriaeth. Ie, *BOP*, R.I.P. Ond mae meddwl am lythyr y trombonydd yn y Tiffin School Band yn dal i wneud i fi chwerthin. Tybed a yw'n dal i chwythu ei ffanffer? Gobeithio iddo lwyddo i ganfod merch i'w charu

– a'i chadw, fel y gwnes i. Ond dylswn fod wedi cofnodi'r llythrennau 'KW' yma ar y bont er cof am K Willmot, y llanc a glafychai am ferch i'w charu.

Er na wnaeth yr hen Biggles adael ei farc ar ystlys y bont, fe adawodd farc annileadwy ar fy nychymyg ifanc i. Ond methodd â'm troi'n Brydeiniwr.

11

EJW 1945

Ianto James oedd un o'r cymeriadau doniolaf ac anwylaf yn y pentre. Trigai ef a Betha, ei wraig yn rhif 9 y Teros. Yno hefyd trigai eu mab, Byron a'u merch, Elizabeth neu Lis. Ond y plentyn hynaf oedd Ken, a godwyd gan ei fam-gu, mam Betha, i fyny'r rhiw yn Nhŷ Bach, Ffair Rhos. Fe'i hadnabyddir ef o hyd fel Ken Tŷ Bach er iddo symud i lawr gwlad hanner canrif yn ôl a mwy wedi iddo briodi Nel.

Enw llawn Ianto oedd Evan James Williams. Chlywais i neb erioed yn ei gyfarch ond fel Ianto, neu Ianto Jêms. Stwcyn bach solet oedd Ianto, ei ben yn foel a gwên ar ei wyneb bob amser. Mae moelni'n gweddu i rai ac roedd Ianto'n un o'r rheiny. Fedrwn i mo'i ddychmygu â llond pen o wallt.

Ianto oedd y tynnwr coes ffraethaf a anwyd erioed a hwnnw'n dynnu coes cwbl ddiddrwg. Doedd dim owns o falais yn ei gyfansoddiad. Ef oedd yr addfwynaf o ddynion ond roedd direidi lond ei lygaid brown, treiddgar bob amser.

Rhywbeth preifat yw cariad rhwng gŵr a gwraig. Ond nid i Ianto a Betha. Ni welwyd erioed ŵr a gwraig yn caru ei gilydd yn fwy na nhw, a hwnnw'n gariad agored naturiol. Petai Ianto ond yn taro allan am dro, deuai Betha allan i ben y drws i ffarwelio ag ef a byddai Ianto, bob deg llath, yn troi'n ôl i ffarwelio â Betha.

'Ta-ta, Betha fach. Ti'n siŵr y byddi di'n iawn nawr? Fydda i ddim yn hir. Ta-ta nawr.'

Ac o fynd allan o glyw, byddai'r ddau'n dal i godi llaw ar ei gilydd nes i Ianto ddiflannu dros y bont neu dros Fryn Crach i'r cyfeiriad arall.

Rhyw weithio yma ac acw y byddai Ianto. Bu'n cario glo am gyfnod. Hoffai ei beint yn achlysurol er gwaetha'r ffaith fod ei dad, James Williams, yn ben blaenor. Yn wir, roedd James a'i wraig Lisa ymhlith saint y fro. Bu Magi'r ferch, sef chwaer Ianto, yn ffyddlon gydol ei hoes gan gynnal gwasanaethau pregethu. Doedd Ianto ddim yn grefyddwr cyfundrefnol ond ni wnaeth anghofio'i fagwraeth mewn Ysgol Sul a Seiat. Byddai ei ymadroddion yn frith o gyfeiriadau ysgrythurol ac emynyddol.

Yn hwyr un pnawn Sadwrn roedd Ianto'n pasio siop Ifan Huws y Bwtsiwr. Roedd Ifan yn ben blaenor, yn godwr canu ac yn llwyr ymwrthodwr. Buasai hefyd yn 'whipper in', swyddogaeth a olygai na fyddai plant yn absennol o'r ysgol heb esgus digonol. Safai Ifan ar ben drws ei siop. Daliodd Ianto ar gyfle i gellwair. Cododd ei arddwrn chwith yn ddramatig gan edrych ar ei watsh. Ysgydwodd ei arddwrn wedyn gan roi'r argraff fod y watsh ar stop. Yna gofynnodd yn ddiniwed,

'Ifan Huws, be wnewch chi o'r amser? Mae'n watsh i wedi stopo.'

Dyma Ifan yn tynnu ei watsh ei hun o boced ei wasgod, watsh *Hunter* arian drom a lenwai gledr ei law.

'Mae hi jyst iawn yn hanner awr wedi whech, Ianto.'

Ac yna dyma Ifan yn sylweddoli arwyddocâd y cwestiwn. Dyna oedd amser agor y dafarn.

'Ianto, Ianto, rwy'n poeni amdanat ti. Oes raid i ti fynd draw mor gynnar? Nawr maen nhw'n agor, fachgen.'

A Ianto'n tynnu coes yr hen Ifan drwy adrodd llinellau o un o emynau mawr Pantycelyn,

Disgwyl rwyf drwy hyd yr hirnos,
Disgwyl am y bore ddydd,
Disgwyl clywed pyrth yn agor
A chadwynau'n mynd yn rhydd.

Ifan wedyn yn siglo'i ben yn anobeithiol ac yn cilio'n ôl i'w siop a chloi'r drws o'i ôl tra aeth Ianto yn ei flaen gan ddal i ganu. Ie, amser cau'r siop, bryd hynny, fyddai amser agor y ddwy dafarn. Ar ddechrau'r pumdegau roedd Siop Ifan Huws yn un o wyth siop yn y pentre. Heddiw does yna ond un, a honno lle bu siop yr hen Ifan Dduwiol.

Nid bod Ifan ei hun yn gwbl ddibechod. Adeg y Rhyfel torrodd un o'r rheolau argyfwng parthed gwerthu cig. Dim byd gwaeth na lladd mochyn heb drwydded, er bu'n rhaid iddo ateb am hynny mewn llys barn. Yn fuan wedyn galwodd William Castell i brynu owns o faco *Ringers*. O ddwy boced ei got fawr ymddangosai gyddfau dwy botel Brown Êl o'r Blac. Ymestynnodd Ifan flaen ei ffon a tharo'r poteli'n ysgafn gan ddweud yn alarus,

'William, William, fe wna i weddïo drostot ti.'

'Ie wir, Ifan Huws,' medde William, 'gwnewch chi. Ond cofiwch chi hyn, mae fy mhechodau i gyd yn fy mhoced heno eto.'

Un o ffrindiau mawr Ianto James oedd Jac y Becyr. Pan âi Jac ar ei rownd fara fe âi Ianto gydag e'n reit aml. Rhaid fyddai cael rhyw beint bach yma ac acw i dorri'r siwrnai, wrth gwrs. Un nos Wener yn nhafarn y Glan Severn, Eisteddfa Gurug, dechreuodd Ianto gwyno wrth Jac am ddiflastod yr ardal. Dim byd yn digwydd. Cofiwch, roedd Ianto'n ddyn ifanc, sengl ar y pryd.

'Diawch, Jac' medde Ianto, 'beth am i ni fynd i Lunden?'

Nodiodd Jac ei ben. Yfodd y ddau eu peints a bant â nhw dros Eisteddfa Gurig, y fan yn llawn bara, ac ymlaen i Lunden. Ac yno y buon nhw am y penwythnos. Ceisiaf ddychmygu chwilfrydedd y Cocnis o weld fan fara'n gyrru heibio ac ar ei hystlys y geiriau,

J.R. Evans & Sons
Glanteifi Bakery
Pontrhydfendigaid

Roedd Byron, ail fab Ianto a Betha, yn yrrwr bysys i Wil Lloyd, gŵr Magi a brawd yng nghyfraith Ianto. Ond yn bwysicach fyth roedd 'Bei Bach' yn bêl-droediwr peryglus. Fel blaenymosodwr roedd ganddo gic mul. Welais i neb erioed yn hitio'r bêl yn galetach. Cofiaf unwaith, cyn gêm rhwng y Bont a Phenparcau, y bechgyn yn rhyw ymarfer cicio. Yn pwyso yn erbyn un o byst y gôl ac yn smocio Wdbein yn hamddenol roedd prif gefnogwr y Bont, yr annwyl Dai Allt-ddu. Fe hitiodd Byron y bêl gan daro'r postyn droedfedd uwchben corun Dai. Wrth i'r bêl adlamu, crynodd y postyn gyda'r fath rym nes hyrddio Dai i'r llawr. A do, gadawodd Byron yntau ei 'BW' yma ar y bont yn rhywle.

Roedd Lis, chwaer Byron, yn yr un dosbarth â fi yn Ysgol Uwchradd Tregaron. Ceisiodd un tro, yn gwbl aflwyddiannus, fy nysgu i ddawnsio yn un o sosials yr ysgol. Nid ei bai hi oedd e i fi gael fy ngeni â dwy droed chwith.

Credwch neu beidio ond fe wnes i, am gyfnod, yrru car. Yn ddeunaw oed perswadiodd Nhad fi i godi trwydded dysgwr. Cawn yrru car Nhad, Ostin A30 ac yntau'n eistedd yn y sedd gyferbyn fel gyrrwr profiadol. Un dydd dyma ddeall bod un o ffilmiau Elvis yn chwarae yn y Coliseum yn y dre y noson honno. Sut gallwn i fynd yno? Doedd dim bws hwyr tuag adre. A dyma syniad. Lis gafodd y weledigaeth.

'Pam na wnei di ofyn i dy dad am fenthyg y car? Fe elli di esgus dy fod ti'n mynd mas i ddysgu dreifo. Fe wnaiff Byron ni fod yn yrrwr profiadol i ti.'

A dyna a fu a Nhad yn credu mai mynd allan i ymarfer roeddwn i. Ond yn y pentre dyma ni'n codi Lis a'm nith Mari ar y sgwâr, a bant â ni i'r dre. Pan gyrhaeddais adre ychydig cyn hanner nos roedd Nhad yn troedio'r ffordd fawr y tu allan i'r tŷ yn ddiamynedd. Dyma bregeth. A dyna fu diwedd ar yr ymarferion gyrru.

Bu farw Byron yn ddyn ifanc. Priododd Lis a gadael yr ardal am gyfnod hir, ond mae hi'n ôl bellach yn y fro a da ei gweld wedi dychwelyd. Mae Ken, y mab hynaf hefyd yn dal i fyw yma, yn arch gefnogwr i dîm ffwtbol y Bont ac i dîm Iesu Grist yng Nghapel Carmel. Etifeddodd hiwmor cynnil ac addfwynder ei dad.

Roedd Ianto'n un o griw trafod y fforwm ar y sgwâr a gweithdy'r crydd. A chan fod tap dŵr y Teros gyferbyn â drws ffrynt rhif 9, byddai yna grynhoi yn y fan honno hefyd ambell fin nos, yn fenywod a dynion, i roi'r byd yn ei le. Nid bod llawer iawn o'i le ar ein byd bach cymdogol ni bryd hynny. Gallaf glywed eu cleber nawr o gwmpas y tap wrth i fwced lenwi, Ianto a Betha, Dai Cornwal a Tom Tomos, Sal a May, John Edwards y crydd dall a'i chwaer Wini, hithau hefyd yn ddall.

Ianto a Betha oedd y pâr priod delfrydol. Ni welais na'u clywed nhw erioed yn anghytuno. Dyma i fi bâr priod a grisialai hanfod pregeth fawr yr Apostol Paul. Gwyddai'r ddau beth oedd ystyr ffydd. Gwyddent beth oedd hanfod gobaith. Ac am y drydedd elfen, gwnaethant ymarfer honno bod dydd o'u bywyd fel dau gymar. Gwyddent yn berffaith beth oedd 'y mwyaf o'r tri hyn'.

'Ac yn awr y mae yn aros' y cofnod a gerfiodd Ianto Jêms yma ar ganllaw'r bont dros ddeg a thrigain o flynyddoedd yn ôl. Hynny, a llwyth o atgofion melys am ŵr cellweirus ac annwyl.

12

Jên Defis

MAE YNA FWY nag un 'JD' yn gerfiedig ar ganllaw'r bont. Cyfeiriais eisoes at un. Ond mae'n sicr nad yw llythrennau cynta enw Jên Defis yn eu plith. Fyddai'r un fenyw byth yn meddwl am adael ei marc yma.

Yn nofel arswyd Susan Hill, menyw ddychmygol ar ffurf drychiolaeth yw *The Woman in Black*. Ond yma, yn ein pentre ni, roedd yna ddynes mewn du, a honno'n gymeriad o gig a gwaed. Roedd Jên yn fenyw gadarn. Gwisgai het ddu dros ei gwallt du. Tan gantel yr het disgleiriai ei llygaid duon fel dau dalpyn o lo. Gwisgai siwmper ddu uwch ei sgert ddu, a'r sgert honno'n cyffwrdd â'i sgidiau duon. Dros y cyfan gwisgai got ddu laes. Yr unig wynder a ddangosai fyddai ei hwyneb a'i dwylo, a digon llwydaidd fyddai'r rheiny fel arfer. Disgrifiodd Isaac y Gof hi fel 'Blac Paten'.

Er nad yw prif lythrennau ei henw yma, rhaid ei chynnwys gan iddi, mae'n rhaid, groesi'r bont yma filoedd o weithiau. Gweld 'RDD 1960' wnaeth i fi feddwl am Jên. Yr 'RDD' hwn oedd Richard David Davies, neu Dic ei mab.

Hwyrach mai Jên Defis oedd ei henw iawn, ond i bawb yn y fro, Jên Tywi oedd hi. Rhaid ei bod hi, neu ei gŵr, neu'r ddau rywbryd naill ai wedi byw neu weithio ar fferm Tywi fry ar y mynydd. Daeth Tywi yn enw teuluol. Dafydd Tywi oedd ei gŵr, a John a Dic Tywi oedd y plant. Rownd y gornel yn Teifi Street trigai chwaer Jên, sef Meri Roberts. Ac ie, fel Meri Tywi yr adnabyddid honno.

Roedd gan Dafydd lysenw amgen mwy poblogaidd, sef Dai

Talarŵ. O ble y daeth y llysenw, wyddai neb, ond unwaith eto, Isaac y Go oedd y bedyddiwr. Yr unig Dalarŵ y clywais amdano erioed yw enw brodorol ar dref yn Queensland, Awstralia, sef Talaroo. Yn sicr, fu Dafydd ddim ar gyfyl y lle hwnnw. Hyd y gwn i, ni chrwydrodd ganllath erioed o borfa'r iâr. Ond doedd e ddim yn annhebyg i Aborijini o ran pryd a gwedd, stwcyn solet gyda thrwch o wallt llwyd a wyneb rhinclog.

Un o nodweddion cenedl yr Aborijini yw hiroesedd y bobl. Ac yn hynny o beth roedd gan Dafydd rywbeth yn gyffredin. Mewn dadl o gwmpas y cerrig gwynion ar y sgwâr un min nos mynnodd Dafydd y medrai gofio'r bont yn cael ei chodi. Golygai hynny ei fod ar y pryd yn ymylu ar ei ddeugant ac yn gyfoeswr i Edward Richard. Hwyrach fod gwaed Aborijini ynddo. Ond ffon a gariai Dafydd, yn hytrach na bwmerang neu didjyri-dŵ.

Er gwaetha'i hymddangosiad bygythiol, hen fenyw iawn oedd Jên Tywi. Ond wiw fyddai i neb ei chroesi. Amddiffynnai ei chornel a'i theulu fel llewes. Byddai pob gair o gerydd ganddi yn cyrraedd y nod ac fe wyddai pa sgerbwd a guddiai ymhob cwpwrdd yng nghartrefi'r fro. Os mai prin ac unsill fyddai ei geiriau, fe wnaent hitio'r nod a medrent frathu i'r byw.

Collwyd John, y mab hynaf, yn ifanc o'r diciâu. Cofiaf ef yn eistedd ar un o gerrig gwynion y sgwâr, ei wynt yn fyr a sŵn ei anadlu llafurus i'w glywed o bell. Canai ei frest fel organ. Ar ôl rhannu ei gofal rhwng y ddau fab, trosglwyddodd Jên ei holl ofal wedyn i Dic, y mab ieuengaf.

Trigai Jên a'r teulu yn y tŷ pen, yn Lisburne Row. Tŷ un stafell oedd e ond gyda chroglofft uwchben hanner y gegin. Yno y cysgai Jên a Dafydd. A chysgu oedd prif ddiddordeb Dafydd. Ar Noson Calan Gaeaf fe ddringai'r ysgol i'w wely yn ôl ei arfer. Ond wnâi neb ei weld allan wedyn tan y cyntaf o fis Ebrill y flwyddyn ganlynol. Oedd, roedd natur y draenog yn Dafydd. Gaeafgysgai am draean o'r flwyddyn ac erbyn iddo godi o'i orweddian hir, yn wir edrychai fel draenog, ei wyneb o'r golwg y tu ôl i drwch o flew.

Pan godai ar Ddydd Ffŵl Ebrill, anfonai Jên am Mat

Richards a Charles Arch, y naill i dorri'r wisgers â siswrn a'r
llall i siafio bonion y blew ar ei wyneb. Dai Hughes, tad Jac
fy ffrind fyddai'n torri ei wallt. Mentrai Dafydd allan wedyn,
ei fochau a'i ên yn noeth a'i wallt yn gwta, i groesawu'r
gwanwyn, ei lygaid yn smician yn y golau fel bwji mewn caets
wrth i lenni'r parlwr gael eu hagor yn sydyn. Draw yr âi i
ddal pen rheswm â bois y sgwâr a chael clywed am fanylion
y digwyddiadau a gollasai dros ei gyfnod o aeafgysgu. Fedra
i ddim ond dychmygu, ar Ddydd Gŵyl Dewi 1940 beth
oedd ymateb Dafydd pan glywodd fod yr Ail Ryfel Byd wedi
cychwyn bum mis yn gynharach. Fe allai band 7fed Adran
Panzer y Wehrmacht fod wedi gorymdeithio drwy Lisburne
Row yn chwarae 'Deutschland, Deutschland Uber Alles' heb i
Dafydd hyd yn oed droi yn ei wely.

Fyddai fawr neb yn galw yn y cartref yn rhif 4 Lisburne
Row. Ymhlith yr ychydig rai a groesewid i'r tŷ fyddai'r doctor a
dyn y glo. Un tro digwyddodd y ddau ymweld ar yr un pryd. Tra
bu Doctor Alun yn tendio Dafydd yn y groglofft galwodd Wil
y Glo. Roedd Jên wedi archebu dau gant o lo ac fe wacawyd y
ddwy sachaid yn y man arferol, y tu ôl i'r sgiw yn y tŷ. Cododd
cwmwl dudew o lwch glo gan lenwi'r stafell a'r groglofft.
Clywyd Dafydd, druan, ei frest yn wan, yn bwldagu oddi fry
yn y caddug a'r Doctor Alun yn straffaglu lawr yr ysgol, hances
boced dros ei geg a'i wyneb yn ddu bitsh. Ymddangosai fel
ffoadur o'r 'Black and White Minstrel Show'.

Gyrru lori wartheg wnâi Dic, y mab. Roedd e'n horwth o
ddyn, yn pwyso dros ugain stôn. Medrai reslo'r eidion mwyaf
styfnig i'r llawr. Yn naturiol, galwyd ef yn Dic Bach a hobi Dic
oedd bwyta. Bu gwasanaeth têc awê yn y pentre ar ddechrau'r
chwedegau ac arferai Jên fynd draw yno i Lys Teg gyda bwced
plastig a dychwelyd â'r bwced hanner galwyn yn llawn tships.
Un pryd fyddai hwnnw i Dic. Bob Dydd Nadolig prynai Jên
dwrci o faint Pterodactyl ond ni wnâi hwnnw bara fwy nag
un pryd i Dic. Ar un adeg bu tipyn o fynd yn y Red Leion ar
brydau cyw iâr, sef coes, brest neu aden mewn basged. Fe wnâi
Dic nid yn unig sglaffio'r cig; fe wnâi grensian yr esgyrn hefyd

a'u bwyta. Yr unig syndod fyddai na wnâi Dic fwyta'r fasged yn ogystal.

Treuliodd Dic ddwy flynedd o wasanaeth gorfodol yn y Fyddin, rhan o'r cyfnod hwnnw yn y Dwyrain Pell, yn Singapore yn arbennig. Neu i Jên, 'Signapôr'. Un dydd yn y siop aeth rhywun ati i dynnu coes Jên am Dic yn yr armi. Camgymeriad mawr. Roedd mab y tynnwr coes wedi osgoi mynd i'r gad adeg y Rhyfel drwy gael ei anfon i weithio yn efail y gof yn Swyddffynnon. Awgrymu wnaeth y tynnwr coes y deuai Dic adref â menyw felen o Singapore ar ei fraich. Daeth ymateb Jên fel saeth,

'Falle gwneith e. Ond o leia fe aeth Dic Ni yn bellach na sgwâr Swyddffynnon.'

Dic oedd cannwyll ei llygad. Cyfeiriai ato bob amser fel 'Dic Ni'. Ar un adeg bu Dan, fy mrawd hynaf, yn cadw siop a byddwn bob dydd Sadwrn yn rhoi help llaw y tu ôl i'r cownter. Un tro dyma Jên yn brasgamu i mewn i'r siop, yn tynnu pecyn allan o'i bag siopa. Fe'i hagorodd a datgelu rholyn o bapur tŷ bach *San Izal* hanner gwag. Hawliodd rolyn o bapur mwy gwydn yn ei le.

'Pam?' gofynnais yn chwilfrydig. 'Beth sydd o'i le ar hwn, Jên?'

Ac ateb Jên yn atseinio fel taran drwy'r siop,

'Mae e'n rhy wan. Ma' bys Dic ni'n mynd drwyddo fe!'

Gwelid Jên byth a hefyd ar hyd y pentre, naill ai ar ei ffordd i'r siop neu ar ei ffordd adre o'r siop. Doedd dim dal pa siop. Prynai fesul eitem yn hytrach na phrynu dogn wythnosol o nwyddau. Petai hi, dyweder, am hanner pwys o fenyn a phwys o siwgwr, fe brynai'r menyn yn Siop Ifan Huws, hwyrach, a mynd ag e adre. Yna fe âi i Siop Penbont, falle, i brynu'r siwgwr. Rhaid ei bod hi'n ymweld â rhyw siop neu'i gilydd gryn hanner dwsin o weithiau'r dydd. Cerddai, a'i chamau'n bwyllog a metronomaidd, yr un cerddediad â chamau plismon ar ddyletswydd.

Yn wir, buasai wedi gwneud plismones berffaith. Fyddai dim angen lifrai newydd arni gan y byddai'n gwisgo'r lliw iawn eisoes. Byddai hefyd yn ymwybodol o bopeth a ddigwyddai yn y fro, yn gyhoeddus ac yn y dirgel. A doedd hi ddim yn un y gallai neb fentro dadlau â hi.

Dic oedd ei byd. Roedd Dic yr un mor amddiffynnol a gofalus ohoni hithau hefyd. Pan fyddai digwyddiad yn y pentre, eisteddfod, drama neu gyngerdd fe wnâi Dic brynu tocyn cadw i'w fam, a hynny ar gyfer sicrhau'r sedd gyntaf yn y rhes flaen iddi. Un tro roedd cyngerdd mawr yn y pentre. Fe aeth Jên yno ac yn ôl ei harfer roedd hi yn ei sedd yn y Pafiliwn Mawr gryn awr cyn i neb arall gyrraedd. Y seren oedd Ritchie Thomas, Penmachno a phenderfynodd hwnnw gael tipyn o ymarfer cyn y sioe. Tybiai fod yr adeilad yn wag. Safodd ar y llwyfan tywyll i ddisgwyl nodau agoriadol y cyfeilydd. Yna cyneuwyd y llifoleuadau. A bu am y dim i'r tenor annwyl lesmeirio o weld dau lygad du yn pefrio arno o'r rhes flaen.

Yn rhyfedd iawn, er gwaetha'r ffaith fod Jên yn wahanol, câi ei derbyn fel yr oedd. Roedd hi'n gymeriad, er un cymeriad ymhlith llawer o gymeriadau oedd hi. Ystrydeb yw mynnu nad oes yna gymeriadau bellach. Mae yna gymeriadau o hyd er nad ydyn nhw yr un fath o gymeriadau â'r rhai gynt.

Yn aml bydda i'n dyfalu beth fyddai hanes Jên heddiw yn y byd gwleidyddol gywir sydd ohoni, byd sydd ag iechyd a diogelwch yn rhan ganolog o'i efengyl. Byddai rhyw Hitler bach biwrocrataidd wedi mynnu ei gosod mewn rhyw sefydliad neu'i gilydd, siŵr o fod. Hynny, er mwyn lles Jên ei hunan, wrth gwrs. Naw wfft i'r ffaith fod Jên yn byw yn ôl ei dymuniad. Does dim lle bellach i bobl sy'n wahanol. Calondid yw meddwl y byddai'n rhaid i'r biwrocrat fynd heibio i Dic yn gyntaf ac nid peth hawdd fyddai hynny. Petai Dic mewn dadl, byddai ganddo gynnig syml i'w wrthwynebydd. Codai ei ddau ddwrn y eu tro, a'r dyrnau rheiny fel dau debot. Codai'n gyntaf y dwrn chwith ac yna'r dwrn dde a gofyn, yn gwbl ddemocrataidd,

'P'run yw dy ddewis di, gwd boi? "Long illness"? Neu "sudden death"?'

Ni chafodd Dic ei hun, druan unrhyw ddewis. Wedi salwch cymharol fyr, yr ail opsiwn ddaeth i'w ran. Bu farw o drawiad cyn iddo gyrraedd ei hanner cant. Trefnwyd casgliad ymhlith ei hen gyfeillion ledled y fro ar gyfer codi carreg uwch ei fedd ac arni'r geiriau,

Hen gyfaill hawdd ei gofio

Diolch i ragluniaeth bod yr hen Jên wedi ei ragflaeni. Iddi hi, nid bywyd fyddai gorfod byw mewn byd heb 'Dic Ni'.

13

SD 1946

Os GWELSOCH CHI erioed ddelw o Bwda, byddwch yn gwybod sut un oedd Sam Rock Villa. Ie, dyn bach pwt, boldew oedd Sam, a'i wregys lledr llydan yn ymladd brwydr ofer dros gadw'r bol hwnnw yn ei le ac o dan reolaeth. Ar ei orsedd yng nghanol ei osgordd o weision llys ar orseddfainc bren Sgwâr Rock Villa, Sam oedd Brenin Cellwair. Plygai ymlaen gan bwyso'i ddwy law, ei fysedd ymhleth, yn drwm ar garn ei ffon gollen gan orffwys ei ên arnynt. Gwasgai'r ffon yn erbyn ei fol sylweddol. Yno yn ei gwrcwd, daliai ben rheswm â Tom Williams, Brick Cottage, Lewis Edwards, Moelprysgau, Jac Defis, Pantfallen, Tom Evans, Gwynfa a Jim Styfin, Y Lôn.

Ymledai gwên lydan barhaol ar draws wyneb Sam. Meddyliwch am yr wyneb gwengar sydd bellach yn un o symbolau iaith y cyfrwng cymdeithasol *Emoticon*, sef 'Smiley'. Wn i ddim a oes yna enw Cymraeg arno. Os nad oes, beth am Siriol? Wyneb crwn fel lleuad lawn a gwên fel lleuad newydd a honno'n llai o faint ac ar asgwrn ei chefn. Dyna wyneb Sam.

Ystyr Bwda, yn ôl pobol ddysgedig, yw Yr Un Goleuedig, a doedd yr ymadrodd hwnnw ddim yn brin iawn o fod yn ddisgrifiad perffaith o Sam. Goleuai ei wên bob cwmni fel lamp colier mewn ffas a gwyddai Sam yn dda am y profiad hwnnw gan iddo fod yn löwr am flynyddoedd yn y Sowth. Adlewyrchai lewych pob credwr Bwdïaidd y ffaith iddo gyrraedd at y Canol Llonydd, y cyflwr yr ymdrecha pob Bwdhydd delfrydol ei gyrraedd. Ond wnâi Sam byth wireddi'r sefyllfa berffaith o'r *Karma* llonydd gan y byddai, yn ysbeidiol, yn siglo a chrynu drwyddo fel lwmp o blomonj ar blât wrth iddo werthfawrogi ei ddoniolwch ei hun. Fe chwarddai pawb arall o'i gwmpas hefyd. Roedd chwerthiniad Sam yn heintus.

Gyrrwr tractor gyda'r Weinyddiaeth Amaeth fu Sam wedi'r rhyfel. Cyn hynny bu'n alltud yn y Sowth, yn gweithio fel colier ym mhwll Glyn Corwg yng Nghwm Afan. Safai ei gartref, Rock Villa, islaw Carmel, Capel y Bedyddwyr yn y pentre a'r tŷ roddodd ei enw i'r sgwâr lle teyrnasai Sam. Addolwyr yr addoldy hwnnw, yn ôl Sam, oedd yn gyfrifol am fethiant affwysol y cnwd tatws yn ei ardd o flwyddyn i flwyddyn. Pan ofynnodd y gweinidog, y Parchedig John Walters am esboniad, fe'i cafodd.

'Chi'n gweld, Walters bach, fe fyddwch chi, nawr ac yn y man, yn bedyddio pobol.'

'Byddaf, Sam. Ond beth sydd gan hynny i'w wneud â'ch tatws chi?'

'Wel, ma bedydd yn golchi bant pob pechod, ond yw e?'

'Ydi, Sam. Dyna bwrpas trochi. Ond fe wna i ofyn eto. Beth sydd gan hynny i'w wneud â chyflwr gwael eich tatws?'

'Wel, ar ôl i chi olchi'r holl bechode bant, fe fyddwch chi'n gollwng dŵr y fedyddfa mas, ac ma hwnnw'n arllwys lawr i 'ngardd i. Ac ma pechode'r diawled yn y dŵr yn lladd pob taten *King Edward* sydd gen i.'

Y gwir amdani oedd na wnâi Sam godi bys i drin yr ardd. Marged, ei wraig, wnâi hynny. Un dydd roedd un o'r criw yn brolio ansawdd y dom da a gawsai ei osod ar hyd ei rychau tatws. Wfftio hynny wnaeth Sam gan frolio'n hytrach rhyw stwff o'r enw 'Grow More' a brynwyd yn fferyllfa Eser Jones yn Nhregaron. Medde Sam,

'Roedd Marged ni'n hau tatws gwanwyn diwetha, ac fe dowlodd lond dwrn o'r stwff yma drostyn nhw. A heb air o gelwydd, fe fuodd rhaid iddi jwmpo mas o'r ffordd wrth i'r gwrysg neidio lan o'r pridd o dan 'i thra'd hi.'

Bryd arall aeth un o'r criw ati i frolio ei foron. A dyma sbarduno stori arall gan Sam.

'Pan o'wn i'n byw yn y Sowth roedd carots da yn tyfu bob

blwyddyn yn y tŷ lle'r o'n i'n lletya. Rodd y gwrysg bwyti llathen o hyd. Yna, dros nos, fe wnaen nhw wywo. Roedd y peth yn ddirgelwch llwyr i bawb. Ond un diwrnod, a finne yn y ffas waelod, fe weles i beth o'dd y drwg. O'dd gwreidde'r carots yn tyfu lawr drwy do'r ffas, a dyna ble'r o'dd y ceffyle halio yn bita'r gwreiddie.'

Sam oedd y storïwr celwydd golau gorau ers Shemi Wâd. Petai rhywun yn honni iddo weld eliffant yn gwau pâr o sanau ar Gors Caron fe fyddai Sam wedi gweld dau eliffant yn gwau pâr o sanau yr un ar y gors. Un dydd aeth un o'r criw ati i gwyno am y pla o gwningod yn ei ardd. Sbardunodd hyn stori nodweddiadol gan Sam. Unwaith wrth ffureta canfu Sam mewn warin yng Nghoed Llwyngronwen gymaint o gwningod fel y gorfu iddo dynnu allan dair ar ddeg cyn medru gwneud digon o le i'w ffuret fynd i mewn.

Doedd ond angen i rywun grybwyll unrhyw bwnc, a byddai Sam ar ei drywydd. Un dydd roedd Tom Gwynfa'n peswch yn ddrwg ac yn achwyn ei gŵyn. Ond doedd peswch Tom, druan, yn ddim byd i'w gymharu â pheswch Smith Llwyngronwen, yn ôl Sam.

'Bois bach, wyddoch chi ddim amdani. Un tro rodd Smith yn byta bara menyn o'i focs bwyd amser te deg, a fe ddechreuodd beswch. Heb air o gelwydd i chi, rodd briwsion yn tasgu mas o'i glustie fe!'

Y tywydd oedd y testun ar ddiwrnod arall. Tueddai'r tywydd i fod yn fan cychwyn aml i drafodaeth. Yn ôl y codwr testun, roedd e newydd ddod i fyny o Dregaron bum milltir i ffwrdd lle'r oedd y glaw'n pistyllu lawr. Ond yno, ar sgwâr Rock Villa roedd hi'n braf a digwmwl. Agorodd hyn ddrws dychymyg i Sam.

'Wi'n cofio Tom Williams a finne ar fore dydd Sul yng Nglyncorrwg yn penderfynu dod adre i fan hyn ar y motorbeic at ein gwragedd, Marged a Sarah ar gyfer cinio. Ti'n cofio, Twm?'

Hwnnw'n amneidio'n gydsyniol.

'Ydw, Sam, cofio'n iawn, myn hyffryd i.'

'Pan ddechreuon ni bant roedd hi'n briwlan glaw,' medde Sam. 'Fe anogodd Tom, o'dd ar y pilion, y dylwn i wasgu arni. Fe wnes i, a chyrraedd adre ar y sgwâr fan hyn o flân y gawod. Ond credwch neu beidio, roedd Twm ar y pilion yn wlyb at 'i grôn.'

Dro arall, caws oedd ar y fwydlen drafod. A dyma, wrth gwrs, fabinogi arall gan Sam.

'Rodd Marged a fi'n ca'l te'r dydd o'r blân. Ar y bwrdd roedd chwarter pownd o gaws Caerffili o Siop Dic Rees. A dyma Marged a finne'n clywed rhyw sŵn digon rhyfedd, rhyw drip, drip fel tap yn diferu. A Marged wna'th eu gweld nhw. Dwy lygoden fach ar ben y cloc yn drychid lawr, a dagre'n dripan o'u llyged nhw wrth iddyn nhw lygadu'r caws.'

Cydweithiwr i Sam gyda'r Weinyddiaeth Amaeth oedd Dai Rogers, gŵr mor fain ag yr oedd Sam o dew. Roedd canolfan waith y Weinyddiaeth rhwng y bont fan hyn a thafarn y Red Leion. Daeth yn amser te deg un bore, ac ym mocs bwyd Dai roedd brechdanau corn bîff tra bod Sam yn gorfod bodoli ar frechdanau caws. Roedd Dai ar fin cymryd hanshed o'i frechdan pan dorrodd Sam ar ei draws.

'Tawn i yn dy le di, wnawn i ddim twtsh â'r cig tun yna,' medde Sam.

'Pam wyt ti'n gweud 'ny?'

'Un tro, yn y Sowth, rodd ffrind i fi'n bita sandwij corn bîff pan deimlodd e rhyw lwmpyn caled rhwng ei ddannedd. Fe boerodd e mas, a beth feddyliet ti o'dd e?'

'Dim cliw. Ond dere mlân, beth o'dd e?'

'Bys colier.'

Gwelwodd Dai gan ddal y frechdan corn bîff i fyny'n amheus.

'Shwd oeddet ti'n gwbod, Sam, taw bys colier o'dd e?' gofynnodd Dai.

'Hawdd,' medde Sam, 'rodd llwch glo o dan 'i winedd e.'

Y diwrnod hwnnw, Sam wnaeth wledda'n fras ar y corn bîff. Bodlonodd Dai, a'i wedd braidd yn welw, ar fwyta brechdanau caws Sam.

Bu Sam am gyfnod yn gweithio ar ffarm y Weinyddiaeth Amaeth yn y Trawsgoed gan ddefnyddio gwasanaeth bysus Lloyd Jones, Pontrhydygroes rhwng y Bont ac Aberystwyth ar gyfer teithio. Gadawai'r bws y Bont yn ddyddiol am wyth a daliai Sam y bws am adre tua 6.30. Ar adegau penodol gadawai dau fws o'r dre yr un pryd, un yn teithio drwy bentref Llanfihangel y Creuddyn a'r llall drwy'r Trawsgoed, lle codid Sam. Wedyn byddai'r ddau fws yn cyfarfod ym Mhontrhydygroes ac un o'r rheiny a fyddai'n teithio i Ysbyty Ystwyth, Ffair Rhos a'r Bont.

Un nos bu'n rhaid i'r bws cyntaf ddisgwyl yn hir am yr ail. Dyma Sam, a eisteddai bob amser yn y sedd yn union y tu ôl i'r gyrrwr, yn holi hwnnw, sef Wil Doctor. Etifeddodd y 'Doctor' am iddo unwaith fod yn shôffyr i feddyg lleol.

'Gwed wrtha i Wil, odi'r Post Offis yn dal yn agored'

'Jiw! Jiw!'atebodd Wil, 'nad yw, Sam bach. Pam wyt ti'n gofyn?'

'Ma' Marged y wraig siŵr o fod yn dyfalu ble ydw i,' medde Sam, 'Rhyw feddwl o'wn i y dylwn hala postcard ati yn gweud wrthi 'mod i'n dal ar y ffordd adre.'

Un tro bu trafod hir a dwfn ar y fainc ar y sgwâr ar ail-ymgnawdoliad. Cofiai Sam am brifathro'r ysgol fach yn Ysbyty Ystwyth yn holi'r plant ar y mater. Fel beth, gofynnodd Jones Pat (buasai Jones yn byw ym Mhatagonia), yr hoffai'r plant ddychwelyd? Yn ôl Sam, gan Jim Llether y cafwyd yr ateb mwyaf gwreiddiol. Dymunai Jim ddod yn ôl fel tebot.

'Pam hynny, James?' gofynnodd y prifathro mewn syndod.

A Jim yn ateb, 'Fe allwn i wedyn iste â nhin at y tân drwy'r dydd.'

Trodd y sgwrs ar y fainc un tro at y dewis rhwng claddu a chorfflosgi. Dymunai Sam gael ei losgi, a bod ei lwch wedyn yn cael ei osod mewn pot jam. Nid am unrhyw reswm diwinyddol, cofiwch ond am reswm cwbl ymarferol. 'Wedyn,' medde Sam, 'fe allwn i fod o iws i Marged i ddal y drws yn agored ar ddiwrnod ffein. Ar ben hynny fe allwn i hefyd gadw golwg ar bwy bynnag ohonoch chi'r, diawled, fydde'n galw ar y slei i weld Marged.'

99

'Myn hyffryd i,' medde Tom Williams, gan anelu poerad o jiwen tybaco i'r gwter, 'fe fyddi di'n fwy o help iddi'n farw nag wyt ti nawr, a thithe'n fyw.'
Anaml iawn y câi neb y gorau ar Sam. Ond cofiaf i hynny ddigwydd dro arall hefyd. Drwy'r sgwâr ar ei beic, ar ôl bod yn siopa, pedlai gwraig a drigai filltir i ffwrdd ar Hewl y Dole. Wrth iddi bedlo heibio'n hamddenol, ei chefn mor syth â phin, ni fedrai Sam beidio â chynnig sylw.
'Diawch, mysus,' medde fe, 'ma'r hen feic yna'n gwichian heddi.'
Heb iddi unwaith dorri ar draws rhythm ei phedlo hamddenol, fe atebodd y wraig,
'Gwichian fydde tithe hefyd, Sam bach, 'tai ti rhwng 'y nghoese i!'
Ac am unwaith gadawyd Sam yn fud.
Gŵr rhadlon oedd Sam heb elyn yn y byd. Ond fe fu yna ryw anghydfod rhyngddo â Dan Defis, saer coed a oedd â'i weithdy y tu ôl i Rock Villa. Roedd Dan yn flaenor parchus gyda'r Methodistiaid. Wrth ei waith gwisgai ffedog werdd a châi ei adnabod, wrth gwrs, fel Dan Ffedog. Gŵr digon rhadlon oedd Dan, ond fe glywyd ambell i air croes rhyngddo ef a Sam. Pan fu farw Dan, bu'r digwyddiad yn destun trafod i fois y fainc am rai dyddiau. Tom Williams wnaeth godi'r cwestiwn mawr, a hynny ar ddiwrnod angladd y saer.
'Myn hyffryd i, Sam, mae'n anodd meddwl am yr hen Dan wedi'n gadel ni. Ble wyt ti'n meddwl mae e erbyn hyn? Nefodd neu Uffern?'
A dyma ateb gan Sam, a hwnnw'n ateb pendant.
'Twm bach, dyw e ddim yn y naill le na'r llall. Yn Lango mae e, cred ti fi.'
'Lango? Ble gythrel ma hwnnw?'
'Ma Lango, Twm bach, saith milltir yr ochor draw i Uffern a ma fe saith gwaith poethach lle. Ie, yn Lango ma fe, reit inyff i ti, Twm.'
Lango oedd gair Sam, druan, am Limbo.
Myn rhai mai'r teledu fu ar fai am ladd cymdogaeth dda a'r

arfer o gymdeithasu. Wn i ddim. Fe allai fod wedi cyfrannu,
ond ofnaf fod y salwch yn mynd yn ddyfnach na hynny. Yn sicr,
ni all neb wadu na newidiodd pethe, a hynny er gwaeth. Yr hyn
a gollwyd yn bennaf yw'r diniweidrwydd hwnnw a fu'n gymaint
rhan o'r hen gymdeithas. Beth wnaeth achosi'r dadrithiad? I
mi, yr Ail Ryfel Byd oedd y catalydd. Profodd y rhyfel hwnnw
y gallai dynoliaeth, am y tro cyntaf mewn hanes, ddifetha'r
byd yr oedd yn rhan ohono. Cofiaf y Parchedig Dafydd Jones,
Blaenplwyf, yn darlunio natur y newid mewn pregeth un nos
Sul.

'Pan o'wn i'n grwt yn Nhyngraig,' medde fe, 'roedd yna
chwedl am fwci bo yn byw o dan bont y pentre. Dyfais ar gyfer
ein perswadio ni blant i fynd adre cyn ei bod hi'n nosi oedd
y stori. Ond fe fydden ni'r plant yn croesi'r bont ar flaenau'n
traed, weithiau yn nhraed ein sanau, rhag dihuno'r bwci bo.
Ond mae plant heddiw yn neidio lan a lawr ar ben y bont i weld
a ddaw'r bwci bo mas.'

Do, i gam-ddyfynnu Gwenallt, diflannodd yr iwtopia
o odre Pen-y-bannau. Diflannodd o'r siop a'r gweithdy. Yn
wir, diflannodd y siop a'r gweithdy yn ogystal. Does dim
cymdeithasu ar Sgwâr Rock Villa nac yn unman arall bellach,
achos cyn medru cymdeithasu mae'n rhaid cael cymdeithas.
Does dim mainc ar y sgwâr heddiw. Does dim o'i hangen gan
na fyddai gan neb na'r amser na'r awydd i hamddena arni.

Un tro cofiaf i'r hen fainc gael ei symud dros dro ar gyfer
ei thwtio a'i hailbeintio gan y Cyngor. Am wythnos bu'n rhaid
i'r criw sefyll a phwyso ar eu ffyn i wylio'r byd yn araf dreiglo
o flaen eu llygaid. Pum gwyliwr yn sefyll yn rhes, a phum ffon
yn eu cynnal.

'Shwd ych chi heddiw, bois?' gofynnodd Walters y gweinidog
wrth fynd heibio ar un o'r boreau di-fainc hynny.

'Walters bach,' atebodd Sam, 'ry'n ni fel gwelwch chi ni.
Ry'n ni fel rhes o gidni bîns.'

Roedd y cnwd arbennig hwnnw o gidni bîns yn un ffrwythlon,
cnwd na lwyddodd hyd yn oed pechodau'r Bedyddwyr eu
crino.

14

TN 1947

MAE YNA RAI cwestiynau sy'n gwestiynau tragwyddol, er eu bod nhw'n ymddangos yn rhai syml i'w hateb. Eto i gyd, does yna ddim atebion boddhaol. Enghraifft dda yw ble byddai gwenoliaid yn clwydo cyn i wifrau'r teliffon gael eu dyfeisio? Un arall: os yw'r byd yn cynhesu o flwyddyn i flwyddyn, pam mae biliau trydan, olew a nwy yn dal i godi? Meddyliwch wedyn am yr Apostol Paul a anfonodd lythyrau at y Rhufeiniaid, y Corinthiaid, y Galatiaid, yr Ephesiaid, y Philipiaid, y Colosiaid, y Thesaloniaid, Timotheus, Titus a Philemon. Rhaid fod hyn oll wedi costio ffortiwn iddo mewn stampiau. Ond y cwestiwn sy'n fy mhoeni i yw: a dderbyniodd e ateb nôl oddi wrth un ohonyn nhw, tybed?

A dyma i chi gwestiwn dyrys arall. Pam bod yna dafodieithoedd? Pam maen nhw'n gwahaniaethu o ardal i ardal? Cymerwch dafodiaith Twm Norris. Fe ddaeth Twm i'r ardal hon o rywle yng Nghanolbarth Lloegr, yn ystod y pedwardegau cynnar. Nid Twm oedd yr unig un. Daeth eraill i'r broydd cyfagos, Saeson uniaith na wyddai neb o ble. Roedd Albert Gregson, Gwilym Llwynmalûs ac Arthur Vialls yn eu plith. Roedden nhw i'w cael ymhob ardal.

Dod wnaeth amryw ohonyn nhw i gefn gwlad Cymru o wahanol gartrefi plant ledled Lloegr. Fel Twm, fe wnaethon nhw ddysgu Cymraeg. Ond er gwaetha'r ffaith iddynt fod yn blant diaspora'r amddifaid, fe wnaethon nhw ddysgu siarad yr iaith gan ddefnyddio'r union lediaith, bratiaith neu dafodiaith (dewiswch chi'r disgrifiad cywir) er eu bod nhw'n byw mewn gwahanol ardaloedd. Unigolion oedd y rhain, ond yn siarad

Cymraeg yn union yr un fath â'i gilydd. Ac roedd hyn, cofiwch, genhedlaeth gyfan cyn i blant Rhydfelen greu tafodiaith newydd yn ne-ddwyrain Cymru.

Nodwedd amlwg tafodiaith Twm a'i debyg oedd absenoldeb unrhyw dreigliadau. Bendith, siŵr o fod, i unrhyw ddysgwr Cymraeg. Nodwedd yr un mor amlwg fyddai'r defnydd o'r ail berson unigol 'Ti' wrth gyfarch pawb. I Twm, dim ond Duw a'r creaduriaid a greodd Hwnnw fyddai'n haeddu'r cyfarchiad 'Chi'. Ie, 'Chi' fyddai Duw i Twm bob amser. A 'Chi' fyddai tarw'r Allt-ddu, hwch Gilfach-y-dwn Fawr neu Lock, caseg wedd y Wernfelen. Parch lle bo parch yn ddyledus, hwnna ydi e. Yn wir, pan ddechreuodd tarw'r Allt-ddu fugunad arno dros y clawdd un bore, cerydd Twm iddo oedd,

'Cewch gartre, chi a'ch hen gwhwryd!'

Pan gyfeiriai ato'i hun, ni wnâi ddefnyddio'r rhagenw yn ei ffurf unigol, 'Fi'. Yn hytrach mynnai ddefnyddio'r ffurf luosog 'Ni'. Ie, 'Ni' yn hytrach na 'Fi' fyddai'n ei ddweud pryd bynnag y cyfeiriai ato'i hun.

Daethai Twm o gartref plant amddifad. Yn yr Allt-ddu y cafodd ail gartref, neu'n hytrach ei wir gartref cynta. Bu'n gweithio yn y Grofftau ac yna yn Hafod-y-rhyd cyn glanio ar aelwyd gynnes Dai ac Elizabeth Hughes, pâr nodedig am eu cynhesrwydd a'u caredigrwydd. Unwaith y flwyddyn byddai casgliad yn y fro, drwy'r ysgolion a'r capeli, tuag at elusen Drws Agored Barnardo. Cofiaf o hyd y bocsys casglu melyn a choch ar ffurf bwthyn bach clyd gydag agen yn y to ar gyfer derbyn yr offrymau ariannol. Ni wnâi Twm fyth anghofio'i ddyled i elusen Barnardo. Yn ddi-feth cyfrannai bum punt, cyflog pythefnos neu hyd yn oed fis i ambell was ffarm yn y dyddiau hynny, at yr achos teilwng hwnnw.

Slingyn main, tal oedd Twm. Gwelid mwy o gig ar ffrâm ei feic Roial Enffild, hwnnw'n un trwm gydag olwynion 28 modfedd. Gwisgai ei drowser ar hanner mast, a choesau hwnnw'n rhy fyr i orchuddio'i bigyrnau main. Golygai hyn y byddai modfedd o gnawd i'w ganfod rhwng gwaelodion y trowser a thop ei sanau. Gwisgai bâr anferth o sgidiau brown golau am ei draed afrosgo a'r rheiny fel dwy ddeilen riwbob ar ongl chwarter i dri. Roedd ganddo wyneb hir fel ffidil, ac awgrym o ên ychydig yn rhy fawr, fel petai wedi llyncu pedol ebol. Roedd ei groen bob amser yn felyn a sych fel memrwn o ganlyniad i fynych weithgareddau ei berchennog yn yr awyr agored dros gynifer o hafau braf. O'r ochr ymddangosai amlinelliad ei ben fel lleuad newydd ar oledd.

Pan agorwyd neuadd snwcer yn y pentre, roedd Twm yn ei elfen. Un tro roedd gofyn iddo anelu blaen ei giw at y bêl wen, a honno gryn lathenni i ffwrdd. Ni fedrai Twm, hyd yn oed gyda chymorth ei freichiau hirion, fod â gobaith ei chyrraedd. Awgrymodd rhywun wrtho y dylai ddefnyddio teclyn pwrpasol a elwid yn 'rest', sef ffon hir a dolen ar ei phen i orffwys blaen y ciw.

'Cymer rest, Twm,' meddai'r gwyliwr.

'Ti'n iawn,' medde Twm. 'Ma ni wedi blino braidd.'

Ac eisteddodd lawr.

Roedd Twm yn aelod o frawdoliaeth sydd bron iawn wedi diflannu, sef y gweision ffermydd. Roedd y pellter rhwng yr Allt-ddu a'r pentre tua dwy filltir a hanner. Bob nos Wener, wedi stop tap hanner awr wedi naw, cychwynnai criw o wyth neu naw dros Fryn Crach ar eu siwrnai adre. Ffarweliai William Castell a John Morgan â'r criw ar ben Lôn y Wernfelen am Gilfach-y-dwn Fawr. Ffarweliai Wil Go a Gwilym â'r fintai ar ben Lôn Dôl-yr-ychain. Chwarter milltir ymhellach byddai Ned y bugail a Ianto, brawd Wil, yn troi am yr Hen Fynachlog. Collid eraill ar ben Lôn Brynmwyn a Lôn Maeselwad. Twm wedyn fyddai'r olaf. Cerddai neu seiclai'r hanner milltir olaf i'r Allt-ddu ar ei ben ei hun.

Torrid ar y siwrnai ar nosweithiau braf drwy oedi o gwmpas mainc y tu allan i Heulfryn, ein tŷ ni. Hon fyddai Mainc Flaen llywodraeth bôn perth y fro. A Nhad fyddai'r Prif Weinidog. Yno, un noson y cyhoeddodd Twm iddo brynu motor-beic *BSA Bantam 125*. Sut llwyddodd yr hen dlawd i fforddio'r £60 a gostiai'r beic, Duw â ŵyr. Y noson wedyn mentrodd ar gefn y cèl bach gwyrdd, beic a ddyfeisiwyd ar gyfer marchog â chanddo goesau o hyd cyffredin. Ond mor hir oedd coesau Twm fel bod ei ddwy ben-glin, pan eisteddai ar y cyfrwy, gyfuwch â'i glustiau. Ar ei ben gwisgai gap stabal wedi'i droi â'i big tuag yn ôl. Ar y noson gyntaf honno ar y *Bantam*, stopiodd gyda'r criw o gwmpas y fainc. Yno, bu trafodaeth hir ar fanteision y *BSA* bach twt. Oedd e'n un cyflym?

'Ma ni dim yn siŵr iawn o top sbîd,' esboniodd Twm. 'Ti'n gweld, ni dim wedi newid lan o gêr isaf eto.'

Wythnos yn ddiweddarach, ac yntau yn y cyfamser wedi llwyddo i godi un gêr yn uwch, cyhoeddodd y byddai, fore trannoeth, yn mynd ar daith hir.

'Ma ni'n mynd i Sowth fory,' crybwyllodd Twm.

'Felly wir,' medde William Castell.

'Ma ni'n mynd ar y motor-beic.'

'Felly wir,' ategodd William.

Crafodd ei ben o dan ei gap. Cnociodd ei getyn yn erbyn ei sawdl. Ychwanegodd yn bwyllog.

'Aros di nawr, mae hi'n nos Fawrth, heno. Fe fydd yr angladd sha dydd Sadwrn.'

Ond William ei hun, druan, aeth gyntaf. Ar ei ffordd adre un noson, ac yntau wedi cyrraedd bwlch y clos, syrthiodd a tharo'i ben. Boddodd mewn ychydig fodfeddi o ddŵr.

Gallai hanesydd amaethyddol wneud yn waeth nag ymchwilio i effaith dwy ddyfais ar gefn gwlad ar ddechrau'r pumdegau. Dyna i chi'r Ffyrgi Bach, a weddnewidiodd waith ffarm ac a arweiniodd at ddileu'r angen am gymaint o weision ar y tir. Cofiaf gêm bêl-droed yn cael ei chynnal yn y pentre unwaith rhwng gweision ffermydd a bugeiliaid. Yn ffenest Siop Nansi Arch hysbyswyd y gêm fel 'Clod Bashers v Sheep Slashers'. Heddiw fyddai dim digon o fois y tir i lunio un tîm pump bob ochr.

A'r ail ddyfais chwyldroadol? Y motor-beic *Bantam*, a'i gwnaeth hi'n haws i weision ffarm ganfod cariadon. Cyn hynny dibynnent ar feic bach, ond diolch i'r *Bantam* daeth modd teithio ymhellach i ganfod darpar gymheiriaid. Byddai Twm yn rhan annatod o'r ymchwil.

Byddai Twm yn un o ffyddloniaid Capel y Methodistiaid, yn cynnwys y Seiat bob nos Wener. Yno cymerai ran yn achlysurol. Bob tro y gweddïai, ymbiliai ar i Dduw 'gofio am y Blacs bach yn Affrica'. Un noson sychodd llif ei eiriau. Ni allai fynd yn ei flaen. Yn dal ar ei liniau, agorodd ei lygaid gan syllu fry at y to gan ymbil ar ei Dduw,

'Ni'n sori bod ni wedi dod i stop. Ond sdim rhaid i ni becso. Ma Chi'n gwbod be sy yn calon ni.'

Oedd, roedd y Chi Mawr yn gwybod beth oedd yng nghalon yr hen Dwm. Cariad at gyd-ddyn yn bennaf. Yng nghwmni Twm, anodd fyddai dethol y gwirionedd o blith ei freuddwydion. Felly, pan gyhoeddodd un noson wrth fynychwyr y fainc y bwriadai adael am Sir Benfro i weithio, fe lyncwyd y stori gyda phinsied go helaeth o halen. A phan ychwanegodd y bwriadai briodi â merch ei ddarpar gyflogwr, ysgydwodd pawb eu pennau'n amheus.

Mynd wnaeth e ar y *Bantam*, ei holl eiddo mewn bag wedi'i glymu ar y sgil â chortyn beinder. Ac ymhen misoedd cyrhaeddodd y stori fod Twm, ddim yn unig wedi cyrraedd yn ddiogel, ond yn wir wedi priodi 'merch y Bos', rhywbeth y gwnaethai ei broffwydo cyn gadael y fro. Yn wahanol i lawer ohonon ni, llwyddodd Twm i wireddu o leiaf un o'i freuddwydion.

Mae'n debyg i'r hen Dwm farw rywbryd yn niwedd y chwedegau. Tybed a lwyddodd, cyn cau ei lygaid am y tro olaf, i gyrraedd gêr uchaf ei fotor-beic? Ble bynnag mae e, mae un peth yn sicr. Mae Twm a'i Dduw yn dal i gyfarch ei gilydd fel 'Ni' a 'Chi' ac fel 'Chi' a 'Ni'. Hawdd credu bod Duw a Twm yn 'tipyn o fêts'.

Mae prif lythrennau enw'r hen Dwm yma'n glir. Mae'n siŵr gen i fod ei enw yn y Llyfr Mawr hefyd, wedi ei gofnodi'n llawn.

15

JDH 1940

CRYDD OEDD JAC Defi, un o bedwar o gryddion a fyddai'n ymarfer eu crefft yn y fro yn y pumdegau. Y mwyaf nodedig oedd crydd Ffair Rhos, Tomos Penbanc. Ar wal ei weithdy'r tu allan ceid dau arwydd crand, un yn hysbysu 'Holdfast Boots' a'r llall yn cyhoeddi 'Penbanke Stores'.

Gyrrodd Tomos un tro yr holl ffordd i Lunden yn ei Ostin 7. Pan gyrhaeddodd nôl, gofynwyd iddo beth oedd ei farn am brifddinas Lloegr? Meddyliodd yn ddwys am sbel. Crafodd ei ben o dan ei gap cyn ateb,

'Eitha da. Ond rhyw deimlo o'n i bod y lle braidd yn bell o bobman.'

Am Jac Defi, ni allai fod yn unrhyw beth ond crydd. Gwisgai ei ffedog ledr hyd yn oed pan ymunai â chriw'r sgwâr gyda'r nos am sgwrs o gwmpas y cerrig gwynion mawr ar draws y ffordd rhwng y Swyddfa Bost a'r gweithdy. Synnwn i ddim na fyddai Jac yn cadw'r ffedog ledr am ei asennau hyd yn oed yn ei wely. Arwydd arall a fradychai ei alwedigaeth oedd y byddai o leiaf ddau o ewinedd ei law chwith bob amser yn ddu o ganlyniad i ergydion strae ei forthwyl.

Ei enw llawn oedd John David Hopkins. Pe na fyddai'n crymu ei gefn gallasai ychwanegu o leiaf dair neu bedair modfedd at ei bum troedfedd a deg. Dioddefai'n ddrwg o'r bendro, a byddai ei ben yn siglo'n ddi-baid fel pendil cloc, er na fyddai hynny'n amharu mewn unrhyw ffordd ar ei grefft. Ond golygai y byddai haen o ludw llwyd yn drwch dros ei ffedog ledr bob amser wrth i gryndod parhaus ei ben ysgwyd llwch ei sigarét dragwyddol yn gawod drosto. Trigai gyda'i chwaer, Elen, yn Lisburne Row.

Safai gweithdy Jac ar y sgwâr wrth dalcen Butter Hall. Ac yno y gwnâi criw o ddwsin neu fwy ymgynnull – fore, prynhawn a min nos. Byddai yno drefn bendant o ran hierarchaeth. Yn y rheng flaen ar sgiw a chadeiriau o gwmpas y tân (a fyddai ynghyn haf a gaeaf) eisteddai Rod Williams y ciper, Ianto John y potsier, John Edwards, crydd dall wedi ymddeol, Joni John Crydd, cyn grydd a oedd yn fab i grydd, a Twm Plas-y-Ddôl, tancwr, ymladdwr a dartiwr dansierus. Llysenw Twm oedd Plato. Rhain oedd y blaenoriaid.

Yn y rheng ganol, ar focsys pren, eisteddai llanciau fel Ronnie John, Berwyn Bach (mab Joni), Terence, Wyn Wellington a Dai Lloyd Jones, mab i grydd arall yn y pentre.

Yn y cefn bydden ni'r cryts ifenc, John Wyn Hughes, Dafydd Morgan Evans, Dai Meredith a finne yn swatio ar risiau'r staer neu'n pwyso yn erbyn y wal gefn. Câi aelodau'r rheng flaen dragwyddol heol i sgwrsio. Câi mynychwyr y rheng ganol yr hawl i daflu ambell gwestiwn. Ond doedd wiw i ni, yn y rheng ôl, dorri gair neu allan gaen ni fynd o dderbyn, yng ngeiriau Jac Defi, 'The Order of the Boot'. Disgrifiad amgen o gic heger yn y pen-ôl.

Cadwai Rod lyfr cownt. Talai'r mynychwyr hŷn geiniog yr wythnos a chofnodai Rod y derbyniadau yn y Llyfr Mawr. Cosb unrhyw un na fyddai wedi talu fyddai fforffedu ei le o flaen y tân i rywun oedd wedi talu. Câi'r dyledwr ei symud i'r cyrion allan o gyrraedd gwres y tân glo. Dyna oedd y drefn, a glynid wrthi mor gaeth â phetai hi'r unfed gorchymyn ar ddeg ar lechen wedi'i derbyn o law Moses ei hun.

Gweithiai Jac Defi'n ddygn a chrwm uwchben ei last gan gychwyn cyn naw o'r gloch bob bore. Yno y byddai wrthi'n tap, tapio, sŵn y morthwyl fel ticiadau eiliadau mân, tan amser swper. Ar wahân i'r Sul, wrth gwrs. O'i gwmpas ar y fainc gorweddai pob math ar offer ar gyfer trin lledr, yn gyllyll, pinsiyrnau a morthwylion o wahanol faint fel offer llawfeddyg. Bocseidi o hoelion bach wedyn a rhai llai fyth, sef sbrigs. Pan fyddai'n hoelio gwadn newydd cadwai Jac hanner dwsin o sbrigs yn ei geg a'u tynnu allan, yn ôl y galw, ar flaen ei dafod. Dyna'r unig droeon pan wnai dynnu ei Wdbein o'i ben. O dan ei ffwrwm waith cadwai fwced yn llawn piso. Yn hwnnw gosodai ddarnau o ledr i'w hystwytho.

Trwsio, yn hytrach na llunio sgidiau, fyddai Jac Defi ac roedd e'n grefftwr di-ail. Doedd e ddim yn enwog am ei hiwmor, er weithiau codai awydd arno i dynnu coes, yn enwedig yn ein plith ni'r plant. Un min nos cyrhaeddodd Charles, un o blant Cornwal, gydag un esgid yn ei law. Syllodd Jac dros ei sbectol a gofyn yn sarrug,

'Beth alla i neud i ti, grwt?'

'Yr esgid 'ma. Ma hi'n gollwng dŵr yn y sowdwl.'

Cydiodd Jac yn yr esgid a thorri twll yn ei blaen a'i rhoi'n ôl i Charles.

'Dyna ti,' medde fe. 'O hyn mlân, pan ddaw dŵr miwn drw'r sowdwl fe wneith e lifo mas drw'r tu blân.'

Ac adre yr aeth Charles, druan, yn cario esgid ac ynddi ddau dwll lle gynt bu dim ond un.

Yn nhrymder gaeaf, a'r nosweithiau tywyll yn disgyn yn gynnar, hoff bwnc y seiadwyr fyddai ysbrydion, golau corff, y toili, rheibio a chŵn Annwn. Câi'r storïau eu hadrodd yng nghryndod fflamau'r tân a hanner dwsin o ganhwyllau. Yn ddiweddarach prynodd Jac hen lamp *Tilley*, a honno'n hisian fel sarff yn y cefndir.

Roedd Rod, a fuasai'n golier yn y Sowth, wedi bod yn lletya mewn tŷ yng Nghefn Coed y Cymer lle byddai ysbryd yn ymddangos bob nos. Mynnai Jac Niwgêt iddo weld ci anferth ger y Llidiart Haearn ar Riw Ffair Rhos. Pan aeth ati i anwesu ei ben, aeth ei law drwyddo. Ci Annwn, yn ôl Jac. Tystiai John Edwards iddo weld ysbryd Twm y Gof a lofruddiwyd ar Fryn Crach. Hunllef i fi ar noson fel honno fyddai gorfod cerdded y chwarter milltir adre heibio i'r fan lle bu bwthyn Twm. Dim ond flynyddoedd yn ddiweddarach y dechreuais i amau stori arswyd John. Wedi'r cyfan, sut medrai e fod wedi gweld ysbryd o unrhyw fath? Onid oedd John Edwards yn gwbl ddall?

Gweithdy Jac Defi oedd cartref ein mabinogi. Yno y clywsom am Bili Joci'n cyrraedd adre'n feddw, a'r parot a gadwai mewn caets yn ei watwar. Dialodd Bili ar yr aderyn gwawdlyd drwy ei gau yn y ffwrn wal. Yno y clywsom am yr hen Ficer, y Parchedig Lunt, yn pasio'r Cwpan Cymun o gwmpas yr addolwyr gan ei adael ei hun tan yr olaf. Wedi ei dderbyn yn ôl, ail-lenwai'r cwpan i'r fyl a'i ddrachtio lawr bob diferyn. Yno y clywsom am Pali Pantcarnau, mam i dros ugain o blant a gariai bwn o flawd ar ei chefn i'w chartref ar y mynydd, dros ddwy filltir o daith a hithau'n cario baban yn ei chôl. Bu fyw nes ei bod hi'n 103.

Yng ngweithdy Jac Defi y tynasom yn slei ar ein Wdbeins cyntaf. Yno yn bennaf y digwyddodd y metamorffosis o blentyndod i lencyndod. Ond, ni wnaf fynd mor bell â honni mai yng ngweithdy Jac Defi y collason ni ein diniweidrwydd. Wedyn digwyddodd hynny, rhwng y gweithdy a chegin talcen Butter Hall mewn lloches fach gul a gâi ei hadnabod fel Cwtsh Siani Fach. Yno y bu'r ymbalfalu ffwndrus a'r cusanu lletchwith cynta wrth i ni geisio rhoi cwtsh i ryw Siani, Magi neu Meg.

Gwastotwyd gweithdy Jac Defi. Symudodd y crydd i adeilad cyfagos rownd y gornel yn Teifi Street cyn iddo farw yng nghanol ei waith. Agorwyd Cwtsh Siani Fach i lygaid y byd busneslyd. Do, dymchwelwyd y gweithdy a does yna'r un crydd yn y fro bellach ers blynyddoedd. Pan dreulia esgid, fe'i teflir i ffwrdd fel … hen esgid. Yn nyddiau plentyndod byddwn weithiau'n dihuno'n chwŷs drabŵd yn nhrymder nos ac yn gweiddi,

'Mam! Dewch gloi! Rwy'n clywed morthwyl Jac Defi'n tap, tapio ac mae ysbryd Twm y Go yn cwato yng Nghwtsh Siani Fach!'

Draw y deuai Mam i sychu 'nhalcen.

'Cer nôl i gysgu, bach. Clywed sŵn dy galon yn curo wyt ti. A does yna ddim ysbrydion.'

Fe syrthiwn i'n ôl i gysgu wedyn. Ond heddiw dw'i ddim mor siŵr a oedd Mam yn dweud y gwir ai peidio. Weithiau o hyd, yn nhrymder chwyslyd y nos, fe glywaf forthwyl Jac Defi'n tap, tapio yn fy nghlustiau. Ac mae yna ysbrydion. O, oes. Ond ysbrydion ydyn nhw o gyfnod pan oedd yr hen fyd 'ma'n well lle i fyw ynddo. Ysbrydion ffeind ydyn nhw.

Dro arall, pan fydda i'n cerdded adre heibio i'r fan lle safai gweithdy Jac, a chlywed tap, tapio morthwyl y crydd, gwn mai tap, tapio o fath gwahanol yw'r ergydion hynny; sŵn morthwyl saer coed yn gyrru hoelion yn ddwfn i arch y dyddiau pell, a oedd hefyd yn ddyddiau gwell.

16

ROJ 1966

DYMA, MAE'N RHAID gen i un o'r cofnodion olaf i'w cerfio ar y bont. Erbyn canol y chwedegau ni welid fawr neb yn oedi yma. Ie, 'ROJ', mae'n rhaid, oedd un o'r rhai olaf i grafu ei enw yma ac yntau'n grwt ifanc bryd hynny.

Ffermwr oedd Raymond Osborne Jones. Dyna, o leiaf, fyddai ei ddisgrifiad gwaith ar ddogfennau swyddogol awdurdodau busneslyd. Nid bod gwaith a Raymond yn gymdeithion agos iawn. Ond petai mwy o le yn yr adran berthnasol ar y ffurflenni hynny gellid bod wedi ychwanegu: hanesydd lleol, bridiwr Corgwn Sir Aberteifi, arbenigwr ar gobiau, gohebydd, bardd, cerddor, bohemian a chwmnïwr di-ail. Ac o blith yr holl weithgareddau hynny, ar y gwaelod, os deuai o gwbwl, y byddai ffermio.

Ie, ffermwr anfoddog oedd Raymond. Wrth bwyso a mesur ei gymeriad daw un o gerddi syml, ond doeth, Dic Jones i'r cof:

> Eiddo fi'r mwynhad ar derfyn dydd
> Os bydd fy nghwysi weithiau'n hardd eu llun,
> Ond pan na fyddo cystal graen ar waith,
> Rhowch i mi'r hawl i wneud fy nghawl fy hun.

Dyna oedd athroniaeth Raymond. Dyn oedd hwn a dorrodd ei gŵys ei hun, weithiau'n union, weithiau'n gam. Roedd e'n annibynnol, yn wir, yn un styfnig fel asyn. Rhagoriaeth pobol fel y rheiny yw eich bod chi'n gwybod lle dy'ch chi'n sefyll gyda nhw. Ry'ch chi'n cael yr hyn sydd wedi'i nodi ar y tun. Roedd hynny'n wir am Raymond.

Dydw'i ddim yn mynd i'w wyngalchu; fe fyddai e'n casáu hynny. Dw'i ddim am ei osod yn y Nefoedd. Fyddai e ddim am fod mewn nefoedd gonfensiynol yng nghanol côr o geriwbiaid. Na, byddai ei Nefoedd ef yn llawn cobiau a chorgwn a beirdd. Gallai, fe allai fod yn asynnaidd o ystyfnig. Ond gyda phobl o'r fath does dim geiriau ffals, dim rhethreg wag. Roedd Raymond yn casáu rhagrith.

Er iddo fyw ar fferm Llwynmalûs rhwng Ystrad Meurig a Swyddffynnon, doedd e ddim wedi'i ystofi i fod yn ffermwr, a doedd neb yn gwybod hynny'n well nag ef ei hun. Meddyliwr oedd Raymond. Dyn yn byrlymu o syniadau. Ond o gael syniad, a sylweddoli bod y syniad hwnnw'n bosib i'w weithredu, fe wnâi ei anghofio a symud ymlaen at syniad arall. Gwibiai fel iâr fach yr haf o flodyn i flodyn. Nid gwireddu'r syniad oedd yn bwysig, ond cael y syniad yn y lle cynta.

Ysgrifennwr ddylsai Raymond fod wedi bod. Fe fyddai wedi gwneud newyddiadurwr penigamp. Fe gyfrannai i gylchgrawn *The Welsh Cob Review* gan ysgrifennu o dan y ffugenw Sherlock Jones. Fe gyfrannai'n rheolaidd i'r *Cymro* gyda'i golofn Dros Ben Shetin. Roedd e'n ysgrifennwr difyr a phryfoclyd ac roedd e'n fardd a ddysgodd y cynganeddion wrth draed Roy Stephens ac wedyn Dic Jones. Fu tîm Ffair Rhos ddim ar y Talwrn ar Radio Cymru wedi marwolaeth Raymond. Fedren ni ddim meddwl cystadlu heb fod Roj, chwedl Gerallt Lloyd Owen, gyda ni. Yn ei farddoniaeth, yn ei erthyglau fe fedrai weld y stori. Yn wir, fe allai weld fod yna stori y tu ôl a thu hwnt i'r stori.

Dim rhyfedd ei fod e mor amryddawn, mor dalentog pan feddyliwch chi i bwy roedd e'n perthyn, ar y ddwy ochr. Roedd ei dad-cu, yr hen Osborne-Jones, yn hanesydd ac yn hynafiaethydd. Roedd ei dad, Iorwerth yr Henblas yn ddyn cobiau. A'i fam wedyn yn hanu o deulu cerddorol Brynele ger Bwlchllan. Yn wir, roedd hi'n fenyw athrylithgar. Bwrlwm o fenyw dalentog. Ac roedd yna gerddoriaeth yn Raymond. Fe ddysgodd chwarae'r gitâr yn gyflym iawn. Buodd gyda ni fand unwaith, ond dim ond dwy gân ddysgon ni, 'I'll Never Get Over You' gan Johnny Kidd and the Pirates a 'Misery' gan y Beatles.

Dim ond unwaith wnaethon ni berfformio'n gyhoeddus, Raymond, Pecs, Tomos Roy a finne. Roedd unwaith yn ddigon. Band unnos oedden ni.

Fe ddylwn nodi i Johnny Kidd, neu i roi iddo'i enw bedydd, Frederick Albert Heath, dreulio cyfnod yn ardal Pontrhydygroes fel faciwî, ef a'i chwaer. Aeth i Ysgol Ysbyty Ystwyth a mynychai'r eglwys yno. Fe aeth ef a'i fand ymlaen wedyn i gyrraedd rhif un yn y siartiau gyda 'Shakin All Over'. Fe'i lladdwyd mewn damwain car yn 1966 yn 30 oed. Does fawr neb yn y fro honno'n cofio Johnny Kidd. Ond mae amrwy'n cofio am Freddie Heath.

Rhaid oedd i Raymond gael edrych y part. Gwladwr oedd e ac felly rhaid fyddai edrych fel gwladwr. Ei arwr oedd Cayo Evans, dyn ceffylau a Chomandant Byddin Rhyddid Cymru. Cerddai, swagrai fel y gwnâi Cayo. Siaradai fel y gwnâi Cayo. Un dydd galwodd Cayo i'm gweld. Roedd e newydd alw gyda Raymond ond wedi'i chael hi'n anodd iawn dod o hyd iddo. Doedd dim sôn amdano o gwmpas y tŷ. O'r diwedd dyma'i ganfod yn eistedd ar garreg ar ochr y bryn yng nghanol clwstwr o redyn yn cyfansoddi englyn. Geiriau Cayo wrtha i oedd:

'Lyn bach, mae Osborne wedi canfod ei gilfach mewn bywyd o'r diwedd.'

Byddai rhai'n ysgwyd eu pennau gan edliw iddo wastraffu ei fywyd yn gyfan. Dim o gwbl. Ei ddawn oedd bod yn gwmnïwr da ac yn sgwrsiwr di-ail. Ffolwn ar ei gwmnïaeth. Galwai o leiaf yn wythnosol. Treuliem ddwy awr neu dair yn rwdlan am ganu gwlad, hanes rhyfel cartref America, barddoniaeth, pris llaeth, hanes lleol, cenedlaetholdeb. Unrhyw beth. Popeth ond ffwtbol. Ac yn arbennig rygbi, camp y cyfeiriai ati'n wawdlyd fel 'rugger'.

Ie, rwdlan fyddai'r ddau ohonon ni am oriau. Rwdlan adeiladol, cofiwch. Ar y tractor bydde fe'n cyrraedd yn ystod misoedd olaf ei fywyd, a hynny mewn cwmwl o fwg. Er gwaethaf llygru'r amgylchedd yn fwy gwenwynig na Chernobyl, dyna'r unig dractor organig i fi ei weld erioed. Roedd pethe gwyrdd yn tyfu arno'n drwch.

Cerddodd gannoedd o filltiroedd rhwng ei gartref, Llwynmalûs a'r Bont a Ffair Rhos, teithiau o dair milltir un ffordd. Bu ganddo wedyn fotor-beic ac wedyn fan fach dwt, er na wnaeth erioed basio'i brawf gyrru. Gyrrai'r fan heb fod ynddi oel, a dyna fu diwedd honno. Wedyn daeth y tractor deuliw, sef coch a rhydlyd. Ar y ffordd gyrrai'n hamddenol tra o'i ôl cripiai modurgad o yrwyr lloerig yn canu eu 'diamynedd gyrn'. Bob tro y gyrrai i'r siop, parciai ei dractor â'i drwyn yn erbyn talcen yr hen swyddfa bost ar y sgwâr. Dim brêcs. I Raymond, dyfais ddewisol oedd brêc.

Byddai'n casáu rhuthro. Pwyll oedd y gair mawr. Clywais ganddo droeon y cyngor a'r gorchymyn, 'Slowa lawr, achan!' A dyna beth wnaeth sbarduno'r gerdd fach hon ar gyfer *Talwrn y Beirdd* yn Steddfod y Bont yn 2015, Talwrn Coffa iddo:

Crwydraist filltiroedd byr dy oes
Rhwng Gwnnws a Thregaron,
A'th fag yn llawn trysorau llên
Fel Dic o Aberdaron,
A chodai dy chwerthiniad iach
Rhwng Craig y Bwlch a Bwlch Graig Fach.

Crwbanu wnâi dy dractor
O Lwynmalûs i'r siop,
A chynffon hir o draffig
Ar brydiau'n dod i stop,
Cyrn croch ar ddiamynedd frys –
Tithau'n eu gwawdio â dau fys.

Heddiw mae'r ceir yn rhuthro
Yn wallgof hyd y fro
Heb ddim i'w hatal bellach
Rhag gyrru pawb o'u co';
Mae'r byd yn troi'n rhy gyflym nawr
Heb un fel ti i'w slowo lawr.

Yn ystod blwyddyn olaf ei fywyd gwaelodd yn weledol. Cloffodd ac aeth cerdded yn drafferth ac yn dreth. Fe âi perthnasau neu ffrindiau ag ef yn rheolaidd i'r dre ar gyfer archwiliadau meddygol. Dim ond wedi iddo farw gwnaethon ni sylweddoli mai twyll oedd y cyfan. Cerddai i mewn i'r syrjeri ond yn hytrach na chymryd ei le yn yr arosfa, cerddai allan drwy'r drws cefn heb gadw'i apwyntiad. Gwyddai, mae'n rhaid, nad oedd gwella i fod.

Bydd pawb sy'n ffarwelio â'r hen fyd yma'n gadael rhywbeth ar eu hôl. Y gwaddol amlycaf a adawodd Raymond oedd gwacter. Ni welir ef mwy yn cerdded y lôn gefn rhwng Pont Meurig a Sgwâr Ffair Rhos am beint neu ddau yn y Cross. Dim motor-beic yn igian. Dim fan fach yn tagu o ddiffyg oel. Dim tractor yn tuchan a mwgu.

Mae'n dawel heb ei sgyrsiau wythnosol a phesychiadau ei dractor y tu allan. Cadwai'r injan i redeg. Gwyddai, pe diffoddai'r injan na fedrai ei chychwyn wedyn â chwarae bach. Collaf ei gerddi – wedi'u cofnodi â llaw. Dim prosesydd geiriau. Dim hyd yn oed teipiadur. Collaf yr hiwmor sych, y dywediadau bachog, y glaschwerthin. Roedd e'n gymeriad unigryw.

Fe ellir ei goffau yng ngeiriau Ceiriog yn ei feddargraff iddo ef ei hun:

Carodd eiriau cerddorol, – carodd feirdd,
  Carodd fyw'n naturiol;
 Carodd gerdd yn angerddol;
 Dyma ei lwch, a dim lol.

Raymond. Mae hi'n wag hebddot ti'r hen foi. Gad i'r hen dractor rydu bellach. Fe fydd y cof amdanat ti'n fythol loyw. Ffarwél fardd, ffarwél gwmnïwr, ffarwél feddyliwr, ffarwél freuddwydiwr, ffarwél wladgarwr.

Ie, ffarwél, hen ffrind.

17

Drachma

RWY'N AWR YN sefyll ar ochr arall i'r bont, yn edrych yn syth at ffenest llofft Garfield, hen gartref Ann Jenkins, neu Ann Fach. Un llygad oedd gan Ann, a'r gwydr yn ei sbectol gyferbyn â'r llygad coll yn anhryloyw.

Roedd stafelloedd llofft Ann gyferbyn â chanllaw deheuol y Bont a byddai byth a hefyd yn sbecian arnon ni'n unllygeidiog fel rhyw Seiclops busneslyd. Yn blentyn, ofnwn Ann Fach. Nid ei hofni fel person ond ofni y gwnâi hi dynnu ei sbectol a dadorchuddio'r hyn a guddiai y tu ôl i'r gwydr anrhyloyw. Dychmygwn y gwelwn dwll hagr yn treiddio i ddyfnderoedd ei hymennydd tra byddai'r llygad iach yn syllu ac yn tyllu i fyw fy llygaid i. Yna'r llais cras, oeraidd hwnnw, llais a wnâi anfon iasau lawr fy nghefn. Petai mynwent yn medru siarad, llais fel un Ann Fach fyddai ganddi.

'Wi'n eich gweld chi'r cythreulied bach! Watshwch chi! Wi'n gweld popeth!'

Welwch chi ddim cerfiadau ar y canllaw yr ochr yma i'r bont. Hynny am y rheswm syml y byddai Ann Fach yn busnesa. Clywai bob smic; gwyliai bob symudiad. Yn wir, gwelai fwy drwy un llygad iach nag a welai meidrolion drwy ddau.

Pan synnid Ann Fach gan rywun neu rywbeth, yr ebychiad a ollyngai dros ei gwefusau'n ddieithriad fyddai, 'Dada Lorens Bach!' Pwy oedd Dada Lorens, Duw yn unig a wyddai, ar wahân i Ann. A Dada Lorens.

Pan na fyddai'n hapus gyda'n hymddygiad ni, blant, byddai'n debygol o guro'r gwydr glas. Ond heno mae'r tŷ yn dywyll. Yr unig symudiad yw stranciau cath frith lawr o gwmpas y drws ffrynt. A dyma gofio bod yna gath gartŵn o'r enw Garfield.

Wn i ddim beth yw enw'r gath arbennig hon wrth iddi chwarae mig â deilen sy'n gwibio yn yr awel fel ystlum gorffwyll. Ond ar unwaith dyma'r abwyd yn bachu atgof, a'r atgof hwnnw'n sylw a wnaed dros ddeugain mlynedd yn gynharach gan Alun y Glo. Rhyfedd fel y bydd ambell sylw cymharol ddibwys ar y pryd yn mynnu plycio ar enwair y cof fel hyn.

Fy hen gyfaill Alun Griffiths o Aberystwyth oedd un o'r sylwebwyr craffaf ar gymhlethdodau'r natur ddynol. Medrai, mewn ychydig eiriau, fynd at graidd pethe. Nid bod yr hyn a ddywedodd ar y noson dan sylw o athronyddol bwys. Yn wir, sylw digon arwynebol oedd e. Ond pethe fel'ny, yn hytrach na rhyw wirionedd dwys, sy'n dueddol o ail frigo. Trafod y mewnlifiad oedd y ddau ohonon ni mewn sesh hwyr yn yr Hydd Gwyn un noson a dyma Alun yn cynnig barn:

'Jiw, jiw bachan, ma'r Saeson dŵad yma'n bobol od. Ddysgu di ddim iddyn nhw. Maen nhw fel cathod. Dein! Dein! Ydyn wir i ti.'

Tynnu ar ei getyn wedyn a myfyrio wrth wylio'r pwffyn mwg *Old Holborn* yn crynhoi uwch ei ben fel marc cwestiwn. Dywediad digon ffwrdd â hi, meddech chi? Ie, hwyrach, ond datganiad a wnaeth i fi fyfyrio yn ei gylch bryd hynny, ac mae'n dal i wneud i fi feddwl uwch ei ben heddiw.

Bu fy mherthynas â chathod erioed yn gymysgedd o bleser ac o anwybodaeth. Deilliodd y pleser o ryfeddod eu hanian annibynnol. Gall cathod fod yn bethe ffroenuchel, yn hoffi cyfleu'r argraff eu bod nhw'n gwybod mwy na phawb. Ond sut mae esbonio eu natur oriog, yn arbennig eu tuedd i droi'n ddirybudd a chrafu'n llythrennol gefn y llaw fydd yn eu bwydo? Winston Churchill wnaeth unwaith ddisgrifio Rwsia fel pos wedi'i lapio mewn enigma. Mae gen i syniad i'w sylw gael ei gamddeall. Nid disgrifio Rwsia roedd e ond disgrifio Prwsia, ac yn arbennig, y Gath Brwsiaidd.

Ie, creaduriaid od yw cathod. Nhw yw Marmeit byd y creaduriaid anwes. Fe fyddwch chi naill ai'n eu casáu nhw

neu'n dotio arnyn nhw. Mewn enghreifftiau prin, fel yn achos
Dai Llanilar, yn eu hofni hyd yn oed. Ond lleiafrif bach iawn
yw'r rheiny.

Dim ond un gath fu ganddon ni ar yr aelwyd erioed a dod
aton ni'n ddiwahoddiad wnaeth honno (neu hwnnw, dylwn i
ddweud). Fe'i gwelais e gynta'n llercian ym mhendraw'r ardd
gefn. Un llwydaidd oedd e, un pitw bychan. Yn wir, tybiais i
ddechrau mai llygoden fawr oedd e, a honno'n llygoden fawr
hynod o fach.

O'r cychwyn cynta, wnaeth e erioed fewian. Wel, nid fel
cathod cyffredin, o leiaf. Na, rhyw sgrechian cryglyd ddeuai
allan. Hynny wnaeth beri i'r wraig fynnu mai gwylan oedd
ei fam. Na, nid ei fam fiolegol ond ei fam fabwysiedig. Ei
damcaniaeth hi oedd i wylan godi'r cwrci newydd-anedig a'i
ollwng ar hap yn ein gardd ni. Cymerodd y cwrci'n ganiataol
mai'r wylan oedd ei fam ac efelychodd synau honno. Dyna, o
leiaf, ddamcaniaeth y wraig. Diolch byth, felly, nad parot a'i
cipiodd neu fe allai fod gen i'r unig gwrci yn y byd a fedrai
adrodd 'Awdl Dinistr Jerwsalem' Eben Fardd ar ei gof.

Rhwng to estyniad y tŷ yn y cefn a daear fyw yr ardd roedd
yna fwlch bychan. Meddiannodd y cwrci'r lloches gynnes honno
rhwng y to ffelt a'r nenfwd. Do, trodd yn sgwatiwr. Dechreuodd
Jên y wraig adael bwyd iddo, gan ddod â'r ddysgl yn nes at y
drws cefn o ddydd i ddydd. Wrth iddo glosio, sylwais nad un
llwyd oedd e ond yn hytrach un lliw teigr. Cymerodd bythefnos
dda iddo cyn bod yn ddigon dewr i sleifio aton ni, ond cyn hir
fe wnâi fwyta o'n dwylo, a chanu grwndi fel tractor.

Yn nrws cefn y tŷ roedd fflap ci, a osodwyd er mwyn hwyluso
mynd a dod ein hannwyl ymadawedig Jac Rysel. A wir i chi, cyn
pen mis daeth y cwrci'n dresmaswr eofn. Dechreuodd gysgu'r
nos yn y gegin, yn hen fasged y ci.

Y gorchwyl nesaf fu ei enwi. Mae gan ambell gath enw
digon rhyfedd. Roedd gen i gyfaill yn byw yn Ysbyty Ystwyth a
fedyddiodd ei gath yn Pren. Pam dewis Pren fel enw, gofynnais
iddo unwaith? Ei esboniad oedd,

'Pam lai?'

Pam lai yn wir? Enw'r gath ddu drws nesaf oedd Maw. Enw cath cyfaill lawr yn y pentre oedd Indi, sef talfyriad o Indipendent. Enw da i gath. Bu ganddo gwrci a enwodd yn Ghandi. Un arall o'i gathod oedd Pwsi Wsi. Bûm yn lletya gyda theulu unwaith oedd â chwrci mileinig o'r enw Criminal. Fe fu gan Kate Lloyd, un o gymeriadau mawr y pentref, gi o'r enw Bob D'Inzeo Lloyd, yr enw canol yn deyrnged i'r neidiwr ceffylau Raimondo D'Inzeo o'r Eidal.

Bu yna hir drafod enwau addas ar gyfer ein cwrci ni. Ar ein gwyliau blynyddol ar ynys fechan yng Ngwlad Groeg roedd y wraig a finne pan ddaeth y weledigaeth. Roedd y cwrci wedi'i roi o dan ofal am bythefnos. Ac yno ar Ynys Agistri, wedi noson o sipian *Retsina,* a oedd yn ddigon cryf i losgi paent, y cefais weledigaeth.

'Beth,' meddwn i, 'petaen ni'n ei alw fe'n Drachma? Mae e'n fach, ac mae'r *Euro* ar y ffordd. Cyn hir fe fydd y Drachma'n rhan o'n hanes.'

A Drachma fuodd e. O dipyn i beth fe ddaeth y cwrci'n fwy ewn. Dechreuodd chwarae, pan na fyddai'n hepian, gan guddio rhwng barrau cefn y gadair a cheisio dal fy mysedd. Ond tueddai ei chwarae droi'n chwerw. Diwainiai ei ewinedd ac yna chwipio'i bawen ar draws cefn fy llaw. Yn wir, tynnai waed gan adael ambell graith digon cas.

Nid cefn fy llaw yn unig gâi ei ddifwyno. Crafangodd fi unwaith ar draws fy nhrwyn â bachiad pawen chwith y buasai Jimmy Wilde ei hun wedi ymfalchïo ynddi. A phan ddeuai pwl o wewyr drosto cribiniai beth bynnag a ddigwyddai fod o fewn cyrraedd. Mae gen i lyfrau sydd â'u meingefnau wedi'u harteithio gan ewinedd blaenllym Drachma. Yn eu plith mae *Geiriadur Mawr* Meurig Evans. Arbedwyd Geiriadur Briws. Mae gan hyd yn oed y cwrcyn mwyaf barus barch i wyrth esboniadol ein harch eiriadurwr. Y tristwch oedd iddo anwybyddu'n llwyr gasgliad y wraig o geinion rhamantaidd *Mills and Boon.*

Wedi i fi symud fy nhrysorau llenyddol i fannau mwy diogel, dechreuodd Drachma ymosod ar goesau'r bwrdd a'r cadeiriau. Yna daeth y gwarth eithaf. Un bore bu'r postman yn ddigon gwirion i wthio'i law drwy fflap y llythyron, er mwyn gwneud yn siŵr bod llythyr a gyfeiriwyd ata i'n cyrraedd pen ei daith yn ddiogel. Bil y fet oedd e, a'r fet hwnnw wedi dioddef crafiad digon cas ei hunan wrth fynd ati i sbaddu Drachma. Clywed rheg wnes i a gweld, drwy'r ffenest, y postman yn gadael â'i wefusau'n anwesu cefn ei law.

Yn ôl y gwybodusion ffelinaidd, nid yr awydd i fandaleiddio na brifo sydd y tu ôl i'r pyliau mympwyol hyn o grafu. Na, mae crafu'n ddull naturiol o hogi'r ewinedd, anghenraid i'r gath gyntefig ar gyfer hela. Mae'n ddull da hefyd, mae'n debyg, ar gyfer ymestyn cyhyrau'r ysgwyddau a'r cefn, neu mewn gair mwy cyfarwydd, stretsio. Credir yn ogystal bod gosod marc ar rywbeth drwy grafu yn arwydd mai pws, a phws yn unig sydd biau'r hyn a farciwyd. Hynny yw, dyma'i dull o nodi tiriogaeth. Os yw hynny'n wir, yna fe adawodd Drachma ddigon o farciau i hawlio'r cartref yn gyfan, a finne hefyd yn y fargen.

Cofiwch, faint o goel y gellir ei osod ar ddamcaniaethau'r gwybodusion honedig sy'n fater arall. Sut medr unrhyw un ddarllen meddwl creaduriaid mor ddirgelaidd eu teimladau â chathod? Wnaiff cath byth ddatgelu'r hyn sydd ar ei meddwl. A fedra i ddim llyncu'r honiad nad malais o unrhyw fath wna ei hysgogi i fandaleiddio. Gallaf ddychmygu Drachma'n myfyrio gan ddweud wrtho fe'i hunan amdana i:

'Roedd e awr yn hwyr yn agor y tun *Whiskas* heddiw. Fe ddysga i wers i'r cythraul. Fe wna i ddifetha sgrin ei gyfrifiadur.'

Pryd bynnag yr awn ati i ysgrifennu ar fy mhrosesydd geiriau, fe neidiai Drachma i fyny a throedio ar hyd fy mysellfwrdd. O edrych ar y cymysgedd llythrennau ar y sgrin gallasech feddwl eich bod chi'n darllen 'Finnegan's Wake' James Joyce. Droeon teimlwn y dylwn ganiatáu iddo dragwyddol hynt yn y gobaith y gwnâi ysgrifennu nofel. Yn sicr, byddai'n well nag aml i un a enillodd wobr Llyfr y Flwyddyn. Dywedir, petaech chi'n gosod teipiaduron o flaen cant o fwncïod, a chaniatáu iddynt ddigon o amser y gwnaen nhw, yn y pen draw, gofnodi holl waith Shakespeare. Petawn i'n caniatáu diwrnod i Drachma, medrai ysgrifennu *Ebargofiant* erbyn cinio, *Petrograd* erbyn swper cynnar ac ychwanegu chwe phennod o sgript *Îha, Sheelagh* cyn gwacáu ei fyg coco.

Ydyn, mae cathod yn bethe clyfar ar y naw, ac roedd Drachma'n glyfrach na'r rhelyw o gathod. Yn ogystal â bod yn grafwr di-ail (nid yn yr ystyr o ymgreinio, cofiwch) roedd e'n enaid rhydd. Crwydrai am oriau ar hyd y cae cefn yn hel llyg ac, am wn i, yn chwarae cowbois neu pa gêm bynnag y bydd cathod yn ei chwarae.

Ei hoff fan crafu y tu allan oedd un o byst y ffens rhyngon ni a'r cae cefn. Mae olion ei ewinedd fel marciau Ogam yno hyd heddiw. Gwna hynny i fi feddwl ai ysgrifennu oedd e, tybed, wrth grafu? Ai ysgythriadau cyfrin yw'r marciau? Oes gan gathod eu sgriptoriwm unigryw eu hunain? Hwyrach fod yna fyd cyfochrog y tu hwnt i'n planed ni a boblogir gan gathod. Os hynny, tybed nad llythrennau mewn rhyw iaith arallfydol yw'r marciau sydd ar gefn fy llyfrau ac ar goesau fy mwrdd a'm stolion? Hefyd, y marciau coch a fu ar gefn fy llaw, a hwnnw ar flaen fy nhrwyn? Synnwn i fawr.

Hwyrach fod Alun y Glo yn iawn yn ei ddamcaniaeth. Hwyrach na fedrwch chi ddysgu unrhyw beth i gathod. Ond nid twpdra nac anwybodaeth ar eu rhan sydd i'w gyfrif am hynny. Maen nhw eisoes yn gwybod y cyfan sydd i'w wybod. Ni sy'n dwp, nid nhw. A gwn erbyn hyn nad ni a'i mabwysiadodd ef. Drachma, yn hytrach, wnaeth ein dewis ni.

Dywed rhyw hen wireb fod i gathod naw bywyd. Dim ond un gafodd Drachma, druan, Dechreuodd glafychu. Gorweddai am hydoedd o dan lwyn yn yr ardd. Aethon ni ag ef at y fet, yr union fet â'i diffrwythlonodd ddeuddeng mlynedd yn gynharach. Gadawson ef yno dros nos. Yna daeth y newyddion trist, roedd arennau'r hen greadur yn darfod a bu'n rhaid ei ryddhau o'i boenau. Yn bersonol, amheuaf iddo gael ei wenwyno gan rywun oedd yn casáu cathod. Garddwr gorfrwdfrydig a hunanol, hwyrach, oedd am ddiogelu ei Eden. Neu awdur eiddigeddus oedd yn ofni cystadleuaeth!

Wna i byth ymserchu mewn cath eto. Ddim ar ôl y profiad

o golli'r hen Drachma. Ond er iddo ffarwelio, gadawodd ei farc, neu'n hytrach ei farciau. Byddaf, byth a hefyd, yn canfod olion ei grafangau yma ac acw ar hyd y lle. Hen ddiflannodd y crafiadau o gefn fy nwylo yn ogystal â'r un a fu ar flaen fy nhrwyn, ond erys yr un sydd ar fy nghalon.

Gwell i fi nawr symud yn ôl ar draws y bont. Wrth imi syllu ar ffenest Garfield fan hyn, rwy'n siŵr i fi weld y llenni'n symud. Ann Fach sydd yna, mae'n siŵr. Mae hi'n sbecian yn slei bach rhwng y llenni, ei un llygad llym yn treiddio fel sgiwer i fyw fy mod. Cyn hir fe wnaiff gnocio'r gwydr. Tap-tap-tap! Gallaf glywed ei llais bach main, crychlyd hi nawr.

'Dada Lorens bach! Be ma'r crwt 'na'n moyn, yn pipo mewn i'n stafell wely i? Sdim llonydd i'w ga'l y dyddie hyn. Cer adre, grwt! Wi'n gwbod yn iawn pwy wyt ti! Hen grwt Moc Heulfryn wyt ti!'

18

TD 1952

I AMRYW OHONON ni yn yr ardal hon, nid afon oedd Teifi ond
cymeriad. Pwtyn bach byr gydag wyneb crwn a bol robin goch
oedd Teifi Davies neu Teifi Cross Inn. Ei rieni, Dai a Marged
Ann, oedd yn cadw'r dafarn ar sgwâr Ffair Rhos, pen draw'r
'dôn y botel o daith' o Fwlch y Gwynt a nodir ym mhryddest
odidog W J Gruffydd, 'Ffenestri'.

Gwên oedd prif nodwedd ymddangosiad Teifi, gwên a
chwerthiniad. Ni welid ef byth heb fod gwên lydan yn lledu ar
draws ei wyneb crwn fel heulwen yn gwthio drwy gwmwl. Hyd
yn oed petai mewn hwyl wael, gwenu wnâi Teifi. Ei wên siriol
oedd ei amddiffyniad. Doedd dim modd ceryddu Teifi, hyd yn
oed petai'n pechu rhywun, digwyddiad tra anaml. Fedrai neb
ddal dig yn ei erbyn yn hir iawn. Petai Swnami yn hitio Ffair
Rhos, digwyddiad braidd yn annhebygol i fangre sydd fil o
droedfeddi uwchlaw'r môr, gwenu wnâi Teifi.

Am ei chwerthiniad, a glywid mor aml ag y gwelid y wên,
rhyw biffian a wnâi. Mewn comics gynt fel *Beano* a *Dandy*,
byddai swigen yn ymddangos o gegau'r cymeriadau i nodi eu
teimladau. Byddai rhywun diamynedd yn ebychu *'Harrumph'*.
Byddai rhywun a deimlai'n ddig yn ebychu *'Grrr'*. Tueddai
chwerthiniadau i amrywio. Ceid *'Ho! Ho!'* a *'Har! Har!'* Pe câi
Teifi ei ddarlunio'n chwerthin mewn comic, yr ebychiad a geid
ganddo fe fyddai *'Tee-hee!'* Ie, rhyw giglan gwichlyd.

Gallasech feddwl, gan mai ucheldir Ffair Rhos yw tarddle
Afon Teifi, y byddai nifer o blant y fro wedi'u bedyddio ag
enw'r afon. Ond na, dim ond dau Deifi fedra i feddwl amdano,

sef Teifi Jones, un o fois Glangors Fawr a aeth i'r Sowth, a Teifi Cross Inn. Gwn am sawl ci defaid yn yr ardal a fedyddiwyd â'r enw ond dim ond dau berson.

Yn ystod y pumdegau roedd yna griw o fechgyn yn y fro a gâi eu hadnabod fel Bois y Bont. Byddai yna saith neu wyth ohonyn nhw'n mynychu pob eisteddfod a gyrfa chwist o fewn cylch o ddeugain milltir, o Lanidloes i Landysul, o Langwrddon i Lanwrda. Teithient i bobman yn hen gar Ostin 16 Wil Lloyd y Garej. Y gyrrwr fyddai Dic Bach, y cawr boldew y cyfeiriais ato eisoes. Yn eistedd wrth ei ymyl yn ddieithriad byddai Ken Tŷ Bach. Yn y cefn ceid Lloyd Bwlch y Gwynt, Dai Cruglas, Alun Tynewydd, Tom Bryngors, Wil Tŷ Uchaf, Henry Cambrian a Teifi Cross Inn. Eisteddai tri ar fainc, eu cefnau at y gyrrwr gan wynebu pa bedwar bynnag a fyddai wedi'u stwffio i'r sedd ôl. A dyna i chi lond siarabáng o ddireidi.

Bois y Bont oedd hunllef pob arweinydd steddfod neu alwr gyrfeydd chwist. Eu hoff dric, pe cynhelid gweithgaredd mewn neuadd sinc, fyddai rhedeg o gwmpas yr adeilad gan dynnu ffon neu bastwn ar hyd gwrymiau'r sinc gan greu twrw byddarol.

Ond o fewn yr adeiladau y dangosent eu doniau. Y rhain oedd arch heclwyr y genedl mewn dyddiau pan fyddai heclan yn grefft. Nid rhyw dorri ar draws gweithgareddau er mwyn creu twrw a wnâi Bois y Bont. Na, roedd yna gelfyddyd i'w hymyrraeth. Yn wir, tyngaf y gwnâi ambell un fynychu digwyddiadau mewn neuaddau neu addoldai cefn gwlad dim ond i weld ac i glywed Bois y Bont yn mynd drwy eu pethe. Yn Eisteddfod Tal-y-bont un tro dechreuodd un o'r bois frefu. A'r beirniad adrodd, yr annwyl Llwyd o'r Bryn yn ymateb,

'Mae'n amlwg bod yma lo yn y gynulleidfa.'

Ac un o'r bois yn ateb,

'Fel 'na byddwn ni pan welwn ni lo dierth.'

Ac am unwaith aeth y Llwyd yn fud.

Yn Eisteddfod Llanddewibrefi, a gynhelid ar nos Wener y Groglith yn flynyddol, roedd Dic wrthi'n heclan yr arweinydd. Galwodd hwnnw ar un o'r stiwardiaid i hebrwng y cawr tafodrydd allan o'r neuadd. Er syndod i bawb, cododd Dic a cherdded yn ufudd tuag at y drws cefn, ochr yn ochr â'r stiward, er mawr ryddhad i hwnnw. Yna, o gyrraedd y drws dyma Dic yn camu i'r naill ochr, yn gafael yng ngholer a chrwmp tin y stiward a'i daflu allan cyn cau'r drws yn glep ar ei ôl. Yno, â'i gefn yn erbyn y drws dyma Dic yn gweiddi ar yr arweinydd,

'Dyna chi. Ymlân â'r steddfod. Chewch chi ddim trwbwl gyda hwnna o hyn ymlân.'

Byddai ambell arweinydd yn cael llonydd, yn arbennig y rheiny a fedrai eu hateb yn ôl. Un o'r rheiny oedd D T Lloyd o ardal Llangybi, gŵr ffraeth a fedrai ddygymod ag unrhyw heclwr. Ond eithriadau oedd arweinyddion fel D T. Roedd yna rai cystadleuwyr hefyd yn hawlio parch a gwrandawiad astud. Lloyd Tal-y-bont, y canwr dramatig er enghraifft a'i ddatgeiniad o 'Brad Dunravon', neu yn ôl Dic, 'Trâd yn Rafon'. Hefyd yr adroddwr digri hilariws hwnnw, Alcwyn Magor a'i adroddiadau doniol am 'Nani-gôt Mam-gu'. Sylw Eirian Davies amdano wrth feirniadu yn Eisteddfod Llanilar un flwyddyn oedd,

'Ma 'da hwn y clustie iawn i fod yn adroddwr digri.'

Fel roedd hi'n digwydd bod, rodd clustie dolen tebot ganddo fe. Petai unrhyw un yn ddigon ffôl i darfu ar y cystadleuwyr hyn, caent flasu bonclust cefn-llaw gan Dic.

Roedd gan bob un o Fois y Bont lysenw. Yn wir, roedd gan ambell un ddau neu dri. Cyferchid Dic ei hun fel 'Tiny' neu 'Ricardo'. Gelwid Lloyd yn 'Luigi', 'Bwlji' neu'n 'Liwc'. 'Heinz' oedd Henry Cambrian. Cyfeiriai Dic yn chwareus at Ken weithiau fel 'Fflei', hynny'n gwylltio Wil Tŷ Uchaf, neu 'Defis Bach', a ddisgrifiai ei hun fel Maer Ffair Rhos.

'Ei! Ei! Gan bwyll nawr. Mae 'na enw ar blant y bobol. Mae'u rhieni wedi mynd i'r drafferth i'w bedyddio nhw!'

Am ryw reswm annirnadwy cyfeirid at Teifi fel 'Waldo'. Yn Eisteddfod Pumsaint un tro daeth yn amser i'r unawd ar unrhyw offeryn. Cafwyd ymdrechion clodwiw gan offerynwyr piano, ffidil, corn a mowth organ. Yna dyma'r arweinydd yn galw,

'Oes yna unrhyw un arall sydd am gystadlu?'

A Ken yn gweiddi,

'Oes, Waldo a'i lif.'

Roedd chwarae llif â bwa ffidil yn gryn atyniad y dyddiau hynny.

Dro arall dyma'r bois yn penderfynu y bydden nhw'n cerdded i mewn i'r eisteddfod a chymryd eu lle yn y ffrynt gan eistedd yn y rhes flaen. Sefyll yn y cefn fydden nhw fel arfer. Gwnaed yn siŵr mai Teifi fyddai'n arwain. Ymlaen ag e drwy'r dorf heb sylweddoli nad oedd 'run o'r bois yn ei ddilyn. Jôc ar draul Teifi oedd y cyfan. Safodd yno yn y ffrynt ar ei ben ei hun tra gwenai gweddill y bois arno o'r cefn. Trodd Teifi at y gynulleidfa. A dyma fe'n moesymgrymu ac yna'n eu cyfarch,

'Jiw! Jiw! A shwd y'ch chi i gyd heno 'ma te?'

Pan ddaeth y Comisiwn Coedwigaeth yma i blannu coed ar y mynydd-dir, cyflogwyd Teifi fel aelod o gang Tywi Fechan. Treuliais wyliau dau haf ar ddiwedd y pumdegau'n gweithio gyda'r gang. Deuem â bag bwyd gyda ni'n cynnwys brechdanau a fflasg o de. Hynny yw, yn ein hieithwedd ni, tocyn ar gyfer te deg ganol y bore a chinio ganol dydd. Pawb ond Teifi. Byddai Teifi wedi paratoi ei hoff flasusfwyd rhag blaen y noson cynt, sef llond pot jam o jeli coch crynedig. Ac ar ôl gwacáu'r pot jam o'i jeli, gorweddai ar fainc y sied neu, mewn tywydd braf, ynghanol y rhedyn yn rhochian fel porchell bodlon.

Roedd Teifi'n gefnogwr brwd i dîm pêl-droed y Bont. Roedd yn aelod o'r pwyllgor ac fe ddilynai'r tîm i bobman. Yn wir, am gyfnod bu'n ymgeleddwr cymorth cynta i'r tîm, rhywbeth a oedd yn gyfystyr â phenodi Herod fel athro ysgol feithrin. Yn ei fag cariai sbwng, sef yr ateb gwyrthiol a holliachusol i bob anaf, ynghyd â photelaid o ddŵr. Cariai hefyd botelaid o sudd oren ar gyfer torri syched y bechgyn adeg hanner amser. Mewn gêm i fyny yn Nhywyn anafwyd un o'r bechgyn yn gynnar o ganlyniad i gic yn ei ben-glin. Rhuthrodd Teifi ymlaen, ei fag ar ei ysgwydd. Ond yn lle arllwys dŵr dros yr anaf tywalltodd holl gynnwys y botel sudd oren dros goes y truan. Yn wir, aeth un chwaraewr mor bell â mynnu bod Teifi'n fwy o beryg i'w iechyd nag oedd y gwrthwynebwyr mwyaf milain.

Hen lanc fu Teifi hyd ddiwedd ei oes. Wedi iddo golli ei rieni bu'n byw ar ei ben ei hun ym Mlaen-ddôl ar Ffordd y Fynachlog ar lan y Teifi. Fedra i ddim cofio'i weld e erioed yng nghwmni aelod o'r rhyw deg. Ond cofiaf ef a Defis Bach yn dadlau unwaith dros wraig ym mar y Cwmdauddwr yn Rhaeadr Gwy. Cofiaf mai Maude oedd ei henw a doedd ganddi ddim mymryn o ddiddordeb yn y naill na'r llall. Fe aeth yn ffrwgwd, a Defis Bach yn taflu ergydion heb iddynt ddod yn agos at daro Teifi. Chwifiai ei freichiau fel melin wynt. Yr unig berygl i Teifi fyddai dal annwyd o ganlyniad i'r corwynt a greai Defis. Fel y dywedodd Dic Bach wedyn,

'Fedre fe ddim hitio tas wair mewn pasej.'

Ond teimlai Teifi berygl ac fe ymbiliodd ar un o'r bois am gymorth.

'Diawch, Ken, dal e nôl neu fe fydd e'n siŵr o'n marco i.'

Bylchwyd rheng Bois y Bont dros y blynyddoedd a daeth heddwch i eisteddfodau'r ardal. Bu farw Defis Bach a Dic, Dai Cruglas, Henry a Teifi. Ond o blith y pump dim ond Defis Bach fu farw yn ei henaint. Collwyd y pedwar arall yn ifanc.

Byddaf yn dyfalu'n aml beth fu ymateb Teifi Cross Inn i'w gyfarfyddiad tyngedfennol â Brenin Braw. Synnwn i ddim nad oedd gwên ar draws ei wedd. Synnwn i ddim chwaith na wnaeth e chwerthin yn wyneb angau ei hun, rhyw biffian bach gwichlyd,

'Ti-hi-hi!' gan ychwanegu, 'Jiw! Jiw! A shwd y'ch chi i gyd heno 'ma te?'

19

JMD 1948

PE BYDDAI JOHN Morgan Davies rhywle o fewn chwarter milltir, fe ddelech yn ymwybodol o'i bresenoldeb. Byddai ei lais yn cyrraedd ymhell cyn y byddai modd gweld y llefarydd. Yn wahanol i drefn mellten a tharan, y clywed ddeuai gyntaf, ac yna'r gweld. Nid siarad wnâi John Morgan ond bloeddio nerth ei ben fel dyn gwerthu sgadan. Doedd ganddo ond dau lefel lleisiol, sef uchel iawn a byddarol. Ar ben hynny, i gymhlethu'r sefyllfa fwyfwy, dioddefai'n ddrwg o atal dweud.

Mab ffarm Gilfach-y-dwn Fawr oedd John Morgan, a'r 'Fawr' yn awgrymu hefyd fodolaeth Gilfach-y-dwn Fach nid nepell i ffwrdd. Stwcyn bach cryf oedd e, het lwyd ar ongl ar ei wegil, a'i ben ar slant fel petai'n edrych i fyny byth a hefyd. Gwisgai ei drowser mor uchel uwch ei ganol fel bod y pocedi bron iawn o dan ei geseiliau. Byddai gwregys ei drowser mor uchel fel y tystiai rhai mai drwy ei falog y byddai'n siarad. Neu'n hytrach yn bloeddio.

Gan fod ei gartref dros filltir o'r pentre fe'i gwelid yn aml ar ei feic yn cymudo. Ei gyrchfan, yng ngolau'r dydd, fyddai'r siop, un o'r wyth emporiwm oedd yn y Bont bryd hynny. Gyda'r nos anelai am un o'r tafarndai, y Red neu'r Blac. Parciai ei feic yn erbyn y wal y tu allan, y clips yn hongian wrth un o'r cyrn. Roedd y clips, fel y pwmp, y gloch a'r lampau blaen ac ôl, yn eitemau holl-bwysig i unrhyw feiciwr cydwybodol. Y clips ddaliai waelodion coesau trowser y marchog rhag cael eu dal neu eu baeddu gan y tsiaen. Maent bellach yn greiriau amgueddfaol.

Nid bod John Morgan yn yfwr mawr. Potel neu ddwy o Brown Êl fyddai ei eithaf. Cymdeithasu wnâi John, nid hel cwrw. Cymdeithasu a gweiddi gan nad oedd y gair 'sibrwd' yn rhan o'i eirfa. Un fantais o gael John Morgan yn y bar oedd y gwnâi ei lais byddarol foddi tincial y gloch stop tap.

'Nôl ar ddechrau'r wythdegau bu yna waith cynnal a chadw ar y bont fan hyn. Fe'i caewyd yn llwyr am gyfnod ac yna gosodwyd goleuadau traffig ar bob pen iddi. Petai John Morgan yn cyrraedd a'r golau wedi troi'n goch, ni wnâi fyth wthio'i feic heibio. Na, fe oedai nes i'r golau newid i wyrdd cyn croesi'r bont. Hwyrach mai rhyw oediad fel'ny roddodd y cyfle iddo gerfio'i farc crynedig fan hyn.

Gan fod Gilfach-y-dwn Fawr braidd yn anghysbell byddai papur Sul John yn cael ei adael iddo yn ein tŷ ni. Galwai i'w nôl ar ei ffordd adre o'r cwrdd nos. Y Sulyn a brynai oedd *The Reynold's News*, o barchus goffadwriaeth. Newidiodd y papur ei enw i'r *Sunday Citizen* yn y 50au cyn mynd i ddifancoll yn y 60au. Pan alwai John Morgan, byddwn yn fy niawlineb yn gofyn iddo bob tro,

'Pa bapur wyt ti'n ga'l nawr, John?'

Yntau, druan, â'i atal dweud stacataidd yn ateb,

'Y Ren – Ren – Ren – Renolds Niws.'

Yna byddai'n trosglwyddo'r tâl, yr arian wedi'i gyfrif yn barod ac yn gynnes yn ei ddwrn. A'r pris, fel yr atgoffai fi yn ddieithriad fyddai,

'Dyma ti. Un gein – gein – gein – ceiniog-ar-ddeg ar ei b – b – b – ben.'

Weithiau, yn hytrach na seiclo yn ôl ac ymlaen i'r pentre fe dynnai blet gan gerdded lawr drwy Gwm Bach heibio i Dy'n Coed a Bryngors ac allan i'r ffordd fawr wrth dalcen ein tŷ ni. Yn aml ar ei ffordd adre gyda'r nos, yn enwedig yn ystod yr haf, oedai i sgwrsio â Nhad a'r criw ar y fainc ar draws y ffordd i'r tŷ, y man seiadu awyr agored y soniais amdano eisoes.

Pan fyddai'n cerdded, tueddai John Morgan alw ym Mryngors i dorri ar ei siwrnai tuag adre. Yno byddai ef a'r meibion, Dai a John yn sipian te ac yn chwarae ambell gêm o ddraffts neu ddominos, neu weithiau ddartiau. Yn gwylio byddai Marged, y fam, ac Annie, chwaer Dai a John. Weithiau cawn innau, yng nghwmni Tom fy ffrind, mab i Annie, oedi i wylio'r cystadlu. Ar adegau byddai Dilys, chwaer Tom, yno hefyd.

Câi'r bwrdd dartiau ei hongian ar hoelen ar ddrws y llaethdy. Gan fod y bwrdd ei hun ynghrog ar hoelen, a drws y llaethdy'n gwegian braidd, tueddai'r dartiau wrth ddisgyn achosi i'r bwrdd dartiau a'r drws grynu. Pan ddeuai tro John Morgan, hyrddiai ei ddartiau trwm fel petai'n taflu picellu. Byddai wedi bod yn ei elfen gyda'r Swlw yn *Rorke's Drift*. Fe hitiai'r dartiau'r bwrdd fel rocedi gan greu clindarddach a pheri i'r tŷ cyfan grynu fel petai daeargryn wedi taro'r lle.

Un tro, â John Morgan angen dwbwl top i ennill, hyrddiodd y ddarten gynta tua'r nod. Glaniodd ychydig yn uchel. Crynodd y tŷ. Hyrddiodd yr ail, unwaith eto braidd yn uchel. Crynodd y tŷ eilwaith. Yna'r drydedd dart. Fe'i hyrddiodd, ond wedi elwch, tawelwch. Dim sŵn. Dim cryndod o gyfeiriad y bwrdd dartiau na drws y lleithdy. Dim sŵn metelaidd dart yn disgyn ar y llawr, chwaith. Diflannodd yn llwyr.

Daeth Marged â channwyll, ac Annie â'r lamp oel i chwilio'r llawr gan gribinio pob twll a chornel. Ond yn ofer. Aeth John Morgan adre'r noson honno gyda dim ond dwy ddart yn ei feddiant. Bu sôn am y ddarten golledig am wythnosau. Fel y ddafad honno a gollwyd, daeth yn ddameg. Do, daeth hanes darten golledig John Morgan yn rhan o Fabinogi'r fro. Yn wir, fe wnaeth beirdd ganu am y digwyddiad hynod hwn. Meddai un prydydd dienw:

Darten John Morgan
Ddiflannodd yn llwyr,
Ymhle y disgynnodd,
Does undyn a ŵyr.

Aeth mis neu ddau heibio. Un bore roedd Annie'n paratoi brecwast a dringodd i ben stôl a dechrau sleisio ystlys y cig moch oedd yn hongian o'r nenfwd. Trawodd min y gyllell yn erbyn rhywbeth metelaidd arall. Yno'n cuddio yn yr ystlys roedd darten golledig John Morgan, o'r golwg ym mherfeddion y cig a'r saim ond yn fawr gwaeth.

Ysbrydolwyd y bardd dienw unwaith eto gan yr awen:

Daeth darten John Morgan
I'r fei yn ddi-nam,
Fe'i ffeindiwyd gan Annie
Yn sownd yn yr ham.

Byddai galw ar John Morgan i ladd mochyn yn achlysurol. Un tro ym Mryngors, trywanodd y mochyn yn ei wddf, ond llwyddodd y creadur i ddianc, a welwyd dim smic ohono fe na'r gyllell a'i trywanodd byth wedyn! John, hwyrach, wedi ffwndro wrth gofio am y mochyn arall hwnnw wnaeth ddwyn un o'i ddartiau.

Beth bynnag a gynhelid yn y pentre, boed yn ddrama neu steddfod, yn wasanaeth capel neu gymanfa ganu, neu sioe amaethyddol yn arbennig, byddai John Morgan yno'n ffyddlon. Y broblem oedd na fedrai sibrwd. Hyd yn oed mewn angladd clywid ei sylwadau stacato uchel a gwichlyd yn codi'n gresiendo.

Un tro difethodd yn llwyr awyrgylch un o'n dramâu yng nghystadleuaeth ddrama Clybiau'r Ffermwyr Ifanc. Y ddrama oedd *Y Grafanc*, gan Edward Rees, a'r uchafbwynt oedd golygfa pan oeddwn i fod i daro cymeriad arall ar ei ben â charreg a'i ladd. Dyma godi'r garreg a'i hanelu at ben y cymeriad arall. Daliodd y gynulleidfa eu hanadl. Fel roedd y garreg *papier mache*'n disgyn, torrwyd ar draws y tyndra a'r tawelwch llethol gan wichiadau uchel John Morgan.

'Diawl, lwc owt! Ma fe'n mynd i'w la-la-ladd e os na wa-wa-watshith e. Ha! Ha! Ha! Os dihunith e, bydd siŵr o fod p-pen, p-pen, p-pen tost gyda fe bore fory.'

Bu farw John Morgan yn ddyn cymharol ifanc. Daeth y dinistriwr mawr ar ei dro i'w lethu. Ond y rhyfeddod yw i John, o'r diwrnod y clywodd am bresenoldeb y cancr difäol, golli ei atal dweud. Yn ystod gweddill ei ddyddiau prin, llefarai mor naturiol a phwyllog ag unrhyw un. Er hynny, daliai i weiddi nerth ei ben.

20

GM 1947

ERYS 1947 YN y cof am ddau reswm yn benna. Y cynta yw'r eira mawr a glodd y pentre am ddyddiau ac a ynysodd ambell fferm neu dyddyn pellennig am wythnosau. Yr ail yw'r ffaith mai dyma'r flwyddyn pan ymunodd tîm pêl-droed y Bont â'r cynghrair lleol, sef Cynghrair Aberystwyth a'r Cylch, gan ennill pencampwriaeth yr ail adran yn eu tymor cynta.

Bu'r 'GM' a gerfiodd lythrennau cynta ei enw yn y fan hon yn allweddol yn hanes cychwyn y clwb. Guy Morgan oedd e, heliwr a saethwr digyfaddawd a welid byth a hefyd yn gwibio'n ôl a blaen drwy'r pentre ar ryw berwyl neu'i gilydd gyda'i gamau mân a buan. Byddai dryll 12 bôr dwbwl baril dan ei fraich yn amlach na pheidio a rhes o ddwsin o getris coch yn addurno'i wregys.

Y dasg gyntaf i'r clwb pêl-droed newydd-anedig cyn mentro i'r cynghrair oedd codi arian. Yn y pwyllgor sefydlu aed â het o gwmpas i gasglu cyfraniadau. A'r cynta i ymateb gan daflu hanner coron i het *Fedora* ddu'r Ficer, John Aubrey, oedd Guy, a hwnnw'n hanner coron na fedrai'r hen greadur 'mo'i fforddio.

Cymysgedd o fois lleol, amryw wedi cael profiad o chwarae'r gêm yn y fyddin, ynghyd â rhai o fyfyrwyr Coleg Sant Ioan, Ystrad Meurig oedd aelodau tîm y Bont gan fwyaf. Myfyrwyr eglwysig wnâi fynychu'r coleg a chyfeirid atynt gan John Blaengorffen fel 'hadau ffeiradon'. Un tro dewiswyd myfyriwr â'r cyfenw Sutton i chwarae ei gêm gyntaf. Ar y nos Wener cyn y gêm bu Iori Bach yn cyhoeddi ledled y pentre fod Satan wedi'i ddewis i chwarae dros y Bont.

Daeth Guy Morgan yn chwedl yn hanes y byd pêl-droed yn y cylchoedd hyn. Yn ogystal â gwasanaethu fel llumanwr, byddai galw arno weithiau i ddyfarnu yn absenoldeb y dyfarnwr penodedig. Hawdd fyddai cydymdeimlo â chefnogwyr y timau eraill wrth deimlo bod Guy ar y gorau'n ddewisol, ac ar y gwaethaf yn unllygeidiog. Gwelai bob trosedd gan y gwrthwynebwyr ac yn wir, pe codai'r angen, fe greai drosedd.

Doedd wiw i neb bechu Guy, dim hyd yn oed chwaraewyr y Bont. Mewn un gêm sylweddolodd y gwrthwynebwyr, sef Pontrhydygroes, fod y Bont wedi maesu deuddeg dyn drwy gydol yr hanner cynta. Nid aeth Guy i'r drafferth i holi'r capten pwy ddylai adael y maes. Dewisodd Ronnie John am i hwnnw, rywbryd, mae'n rhaid, ei bechu mewn rhyw ffordd neu'i gilydd.

Dro arall caniataodd gôl i'r gwrthwynebwyr, er bod y sgoriwr yn camsefyll o gryn erwau. Bron na safai yn y cae nesaf. Pan ofynnwyd i Guy ar ddiwedd y gêm ei reswm dros ganiatáu'r gôl ei esboniad oedd,

'I wanted to spite Dic Hopkins.'

Dic odd golwr y Bont. Yn wir, dyfarnodd gic o'r smotyn dro arall yn erbyn Dic er na chyflawnodd hwnnw, druan, unrhyw drosedd. Oedd, roedd Guy yn ddiduedd ar brydiau, er mai teg dweud mai eithriadau fu ei gymwynasau â'r gwrthwynebwyr.

Byddai Guy a Wali Tomos o Glwb Bryncoch wedi bod yn eneidiau hoff cytûn. I'r ddau roedd 'tic-tacs' yn bwysig. Bechgyn cryfion lleol oedd chwaraewyr y Bont yn bennaf a chyfrinach y brif 'dic-tac' fyddai doctora'r bêl. Byddai peli'r cyfnod yn drwm fel lwmp o blwm hyd yn oed ar brynhawn sych. Peli lledr oedden nhw, a'r garrau'n abl i adael ei hôl ar dalcen unrhyw beniwr byrbwyll. Tacteg bois y Bont felly, cyn wynebu un o dimau cadi-ffans y dre fyddai sicrhau y byddai'r bêl yn drymach fyth drwy ei gadael i socian mewn bwcedaid o ddŵr dros nos. Guy fyddai ysgogwr y bêl drom.

Dioddefai Guy, druan, o nam llefaru. Doedd ganddo ddim

to i'w daflod felly câi drafferth gyda rhai cytseiniaid, yr 's' yn troi'n 'll', a chytseiniaid celyd yn diflannu'n llwyr. Wn i ddim sawl tro yn ystod gêm, ac yntau'n taranu lawr y lein, y chwifiai ei luman yn gynddeiriog gan floeddio ar y dyfarnwr dall a byddar,

'Enalti, ref! Enalti!'

Er gwaethaf ei gam-ynganu ni chofiaf i neb erioed wawdio'r hen Guy, ddim hyd yn oed yn ei gefn. Os rhywbeth gwnâi ei anabledd llafar ef hyd yn oed yn anwylach yn ein golwg.

Bob bore dydd Sul âi Guy drwy'r un ddefod. Cnociai ar ddrws David Williams, neu 'Diaz', un o bêl-droedwyr gorau'r Bont erioed. Bu farw'n ddyn ifanc cyn cyrraedd ei ddeugain oed. Yno y byddai Guy yn holi Diaz am ganlyniadau prif dimau pêl-droed Adran Gyntaf Cynghrair Lloegr y pnawn cynt. Âi drwy'r wyddor gan ddechrau gydag Arsenal a gorffen gyda West Ham. Yna, â'i law dros ei geg gan ofni'r gwaethaf deuai'r cwestiwn mawr,

'What did Swansea do?'

Petai Diaz yn ateb yn gadarnhaol, gadawai'r hen Guy â rhyw ystwythder mwy nag arfer yn ei gerddediad. Ond os colli, llusgo wnâi ei gamau.

Wedi i'r dwymyn bêl-droed gydio ynddo, disgynnodd hela i adran dau ei ddiddordebau. Ond ar adegau, ac eithrio ar bob pnawn Sadwrn, daliai i fynd allan i saethu. Un tro gwahoddwyd ef i saethu ffesantod gan neb llai na'r Iarll Lisburne, sgweier y fro. I hwnnw roedd yna foesau mewn hela nad oedd wiw i neb eu hanwybyddu. Lawr ger Maesllyn dyma ffesant yn rhedeg ar draws y ffordd fawr. Yng nghanol y byddigions gwahoddedig, cododd Guy ei wn ac anelodd.

'Morgan! Morgan!' medde'r Iarll, gan osod ei law yn ataliol ar ysgwydd Guy, 'Surely, you wouldn't shoot a pheasant when it's running?'

'No,' medde Guy. 'I'll wait till it stops first.'

Alltud fuasai Guy am gyfnod sylweddol. Yna, ar ôl ymron deng mlynedd ar hugain yn byw yng Nghanada gyda'i chwaer, dychwelodd yn 44 oed i'r ardal ar yr union adeg pan sefydlwyd y clwb. Cafodd waith a chartref croesawgar ar fferm Bwlch-y-ddwyallt dair milltir o'r pentre gan Mr a Mrs Morgan. Gydag ef o Ganada daeth Guy â chap a chot tîm hoci iâ'r *Moose Jaw Royals*, ac fe'u gwisgai ar gyfer rhedeg y lein i'r clwb. Côt wen oedd hi gyda bathodyn coch a glas ar y boced uchaf. Gwisgai hefyd shorts llac, a choesau'r rheiny lawr dros ei bengliniau. Am ei draed byddai sgidiau pêl-droed, a'r rheiny â'u blaenau'n troi fyny. Tyfai fwstash bach sgwâr o dan ei drwyn. Meddyliwch am y diddanwr Freddy Star a'i ddynwarediad hilariws o Hitler, a dyna Guy. Boed ar y llinell ystlys yn chwifio'i fflag neu'n brasgamu ar hyd y ffordd fawr, byddai ar dragwyddol ruthr.

Er i'w dad fod yn feddyg parchus a chefnog ym Mhontrhydygroes, roedd yr hen Guy yn dlawd. Roedd y tad wedi gofalu ei fod yn gadael gwaddol i'r plant. Ond yn ôl yr hanes roedd mab arall wedi cadw cyfran yr hen Guy iddo ef ei hun. Rhyw grafu byw wnâi'r truan, a hyd yn oed hynny trwy garedigrwydd gwraig a gadwai dŷ lodjin Llys Teg, sef Mrs Yolande Spender. Bendith arni. Hi roddodd lety iddo am y nesa peth i ddim gan sicrhau y medrai lwyddo bodoli rhwng y cŵn a'r brain. Yn wir, byddai wrth ei fodd rhwng y cŵn a brain cyn belled â bod y cŵn yn adargwn a'r brain yn dargedau i'w ddryll.

Yn raddol dirywiodd ei iechyd, gorff ac enaid, a'r canlyniad fu iddo gael ei symud i Ysbyty'r Meddwl yng Nghaerfyrddin. Bu farw yn 73 mlwydd oed yn 1976 a'i gladdu ym marth y tlodion ym Mynwent y Plwyf yno. Doedd ganddo'r un perthynas ar ôl, a wyddai neb ohonon ni am sbel ei fod wedi marw, heb sôn am wybod lle cafodd ei gladdu. Teimlem, lawer ohonom yn y fro, yn euog. Teimlem i ni ei fradychu. Yn anffodus, ni chawson ni hyd yn oed wybod am y penderfyniad i'w osod mewn gofal.

Rhyfedd fel y gall cyfarfyddiad ar siawns arwain at ddatgelu rhywbeth a fu'n ddirgelwch. Aethpwyd ati yn 2007 i drefnu dathliadau trigain mlwyddiant bodolaeth y clwb pêl-droed. Yn Eisteddfod yr Urdd roeddwn i, yng Nghaerfyrddin, adeg gwanwyn y flwyddyn honno pan gwrddais â Peter Hughes Griffiths. Soniais wrtho am y gwaith ditectif rown i'n ymwneud ag ef ar y pryd, sef ceisio canfod gorweddfan olaf Guy Morgan. Yn ddyn pêl-droed brwdfrydig ei hun, ac yn un o gyn gedyrn Bargod Rangers roedd Peter yn awyddus i helpu. Ar unwaith cyfeiriodd fi at un o swyddogion Cyngor Tref Caerfyrddin. O fewn dyddiau roedd lleoliad a rhif y plot gen i. Ac un mlynedd ar ddeg ar ôl ei farw, rhoesom, fel aelodau o'r clwb, flodau ar fedd ein sefydlydd ffyddlon.

Fel rhan o'r dathliadau trigain mlwyddiant dadorchuddiwyd cofeb i Guy Morgan yn stafell newid y clwb. Ar lwyfan y neuadd y noson honno fe ganwyd cân deyrnged iddo gan reolwr y clwb, Richard Jones. Fi fu'n gyfrifol am gyfansoddi'r geiriau ac Emyr Huws Jones yr alaw er cof am Ddyn yr Hanner Coron:

Fe wisgai hen gap hoci iâ
A shorts ar hanner mast,
Ei sgidiau'n troi i fyny –
Rhai duon mawr Holdffast,
Ac enw'r 'Moose Jaw Royals'
Addurnai ei got wen,
A chwifiai hances boced
Yn sownd wrth ddarn o bren.

Dyn yr hanner coron,
Fe'i cadwn yn ein co,
Llumanwr tîm y pentre,
Sefydlydd clwb y fro.

Mil naw pedwar saith oedd hi
Pan aed i godi clwb;
Ar fechgyn cryf Ffair Rhos a'r Bont
Roedd angen her a hwb,
Aed rownd â het i gasglu,
A'r cynta'i daflu rhodd
Fel hen wraig dlawd yr hatling gynt
Oedd Guy, gan roi o'i fodd

Ei unig hanner coron;
Esmwyth ar y co
Yw'r atgof am Guy Morgan,
Noddwr tîm y fro.

Dilynai dîm y pentre
Drwy heulwen a thrwy law,
Carlamai lawr yr ystlys
Â'i luman yn ei law,
A chwifiai'r lluman hwnnw
Gan weiddi yn ddi-baid
Ar bob dyfarnwr twp a dall
I chwythu am 'off-side'.

Dyn yr hanner coron,
Dyfarnwyr aent o'u co,
Cyn geni Wali Tomos,
'Rhen Guy oedd arwr bro.

Bu farw Guy yn alltud
A'i roi mewn bedd di-nod,
A threiglodd trigain mlynedd
Ers iddo roi o'i god
Yr hanner coron cynta
A'i daflu mewn i'r cap,
Bydded i ninnau heno
Ddiolch drwy floedd a chlap

I ddyn yr hanner coron;
Os llonydd yw'r hen ffrind,
Mae'r clwb yn dal i frwydro
A'r gêm yn dal i fynd.

Does dim angen codi na 'maen na chofnod' ar fedd Guy Morgan yng Nghaerfyrddin. Gwyddom bellach fangre'i orffwysfa. Mae'r 'GM 1947' ar ganllaw'r bont fan hyn yn dweud y cyfan sydd angen ei ddweud am yr hen gymeriad annwyl a ffyddlon. Ei wir gofeb yw parhad y clwb. Fel yr afon, mae'n dal i fod yma o hyd, weithiau'n rhuthro'n ffrydlif, weithiau'n ymdroi'n ferddwr.

Mae carreg filltir arall yn hanes y clwb, y degfed a thrigain wedi ei chyrraedd bellach. Mae'r diolch am hynny'n bennaf i Guy a'i hatling, offrwm a ddaeth, nid o'i boced ond o'i galon fawr feddal. Gobeithio iddo fynd at ei wobr ac i'r hanner coron droi'n goron aur ar ben Brenin Clwb Pêl-droed y Bont.

21

WM 1961

GWYDDEL OEDD WILLIAM 'Bill' Murphy a hanai o ardal Castlebar yn Swydd Mayo. Daeth i'r fro yn 1961, ef a'i gang o nafis, i weithio ar gynllun dŵr Llynnoedd Teifi. Gwaith criw Murphy oedd cloddio a gosod pibelli dŵr yn arwain o'r argae newydd uwchlaw Ffair Rhos yr holl ffordd lawr i waelod y sir.

Daeth Murphy'n chwedl yn y fro. Medrai ei gang gloddio drwy graig solet â chaib a rhaw yn gynt nag y medrai gangiau eraill gloddio drwy ddaear feddal â Jac Codi Baw. Cyfeiriai ato'i hun fel 'The Rock King', y teitl wedi'i baentio'n fras mewn llythrennau gwyn ar draws blaen ei hen groc o fen Fforden lwyd. Yr unig 'Rock King' arall a fodolai oedd Elvis.

Fyddai Murphy ei hun byth yn cloddio. Arolygu'r gang wnâi Bill, a hynny o gryn bellter yn aml. Tra byddai ei ddynion wrthi'n chwysu, gwelid Murphy ar garlam yn rhuthro o'r Red i'r Blac neu o'r Blac i'r Red. Bob tro y digwyddai gyfarfod â William Davies, ein gweinidog, byddai'n siŵr o'i gyfarch fel 'Father'. Doedd hynny ddim yn plesio'r bugail Methodist rhadlon. Un nos Wener, â Murphy'n rhuthro allan drwy ddrws ffrynt y Red, a'i olygon ar y Blac, trawodd yn erbyn y gweinidog oedd yn digwydd mynd heibio ar ei ffordd i'r Seiet. Ymddiheurodd Bill yn ddwys:

'Jayzus, I'm sorry, Father. Sure I never saw you there.'

'Take your time, Mr Murphy,' cynghorodd Davies ef. 'After all, Rome wasn't built in a day.'

'No, it wasn't, Father,' atebodd Murphy. 'And do you know why? Because Bill Murphy wasn't the bloody contractor!'

Slingyn main oedd Murphy, ei bum troedfedd a deg di-floneg mor ystwyth â maneg. Roedd ei wallt yn prysur fritho. Treiddiai ei lygaid glas fel dau ebill. Smociai fel simne er mai un ysgyfaint oedd ganddo yn dilyn llawdriniaeth ddifrifol. Heb amheuaeth, roedd yn ddyn gwydn. Roedd dynion Murphy, Gwyddelod wrth gwrs, hefyd yn ddynion caled a gweithgar. Byddent yr un mor ddiwyd gyda'r nos yn y bar yn yfed Ginis a wisgi ac yn canu caneuon rebel. Fel un a wyddai eiriau caneuon fel 'Roddy McCorley' a 'Boulavogue' cawn fy nerbyn yn llawen bob amser. Byddai Murphy ei hun yn ymuno yn yr hwyl. Ei hoff berfformiad fyddai adrodd 'On Lonely Banna Strand', cerdd am Syr Roger Casement, a grogwyd fel carn-fradwr am ei ran yn ceisio codi byddin i ymladd yng Ngwrthryfel y Pasg 1916. Fe âi Murphy i ysbryd y darn, yn enwedig pan ddeuai at y pennill olaf ond un:

Twas in an English prison
That they led him to his death,
'I'm dying for my country',
He said with his last breath.

They buried him in British soil
Far from his native land,
And the wild waves sing his requiem
On the lonely Banna Strand.

Y penboethyn o rebel gwylltaf yn y gang oedd llanc o'r enw Eddie. Wnes i ddim erioed ddod i wybod ei gyfenw. Gallai Eddie fod wedi cael swydd fel yfwr proffesiynol petai yna alw am rai. Seidir oedd ei ddiod ac mae'n siŵr iddo yfed cynnyrch sawl perllan. Ar y pryd byddai Byddin Rhyddid Cymru yn y newyddion byth a hefyd, minnau'n aelod ac yn gyfaill agos i Cayo Evans. Cofiwch, wnes i ddim arwyddo unrhyw ddogfen i nodi fy aelodaeth. Cayo wnaeth fy hysbysu un noson fy mod i'n aelod, ac roedd hynny'n ddigon.

Un noson, cerddais i mewn i far y Red. Roedd Eddie yno eisoes wrth y bar, a rhywbeth mewn bag papur wrth ei benelin.

Heb yngan gair, fe'i gwthiodd tuag ataf. Gosodais y bag o'r neilltu. Brithyll, tybiais, heb feddwl mwy am y peth. Dull y Gwyddelod hyn o bysgota fyddai cynnau chwe modfedd o ffiws yn sownd wrth gapsen a darn o ddeinameit a'i daflu i bwll. Yna ffrwydrad yn gadael y brithyllod yn syfrdan a diymadferth ar wyneb y dŵr neu ar y geulan.

Ar fy ffordd adre, agorais y bag. Bu bron i mi lewygu. Ynddo roedd tua phwys o ddynameit. Gelwais yn syth gyda chyfaill ac ymbil arno i fy ngyrru i a'r ffrwydryn lawr i Silian i'w drosglwyddo i Cayo. Beth ddigwyddodd i'r ffrwydryn wedyn, does gen i ddim syniad. Yn wir, dydw i ddim am wybod.

Bryd arall, cyfraniad Eddie i'r Achos oedd deuddeg llathen o ffiws *Cortex*. Cuddiais y ffiws yn llofft hen adeilad yn Teifi Street, lle cynhaliem gyfarfodydd yr Aelwyd a Chlwb y Ffermwyr Ifanc. Fi oedd ceidwad allwedd y lle. Un noson dyma gnoc ar ddrws fy nghartref. Dau dditectif oedd yno wedi dod i'm holi am yr FWA ac i chwilio'r tŷ am unrhyw beth amheus. Yn fy mhoced roedd allwedd yr Aelwyd. Gafaelodd un o'r ditectifs ynddi a holi allwedd ble oedd hi. Bûm yn ddigon cyfrwys i ddweud mai allwedd y llyfrgell lle gweithiwn yn yr Hen Goleg yn Aber oedd hi. Dihangfa gyfyng! Gwaredais y ffiws y noson honno drwy ei thanio yn y cae y tu ôl i'n tŷ ni.

Byddai Eddie a'i gyd-nafis yn defnyddio ffrwydron yn ddyddiol, wrth gwrs a byddai ganddynt ddigon o ffrwydron sbâr. Fyddai neb yn cadw cyfrif. Doedden nhw ddim yn rhyw ofalus iawn pan ddeuai'n fater o ddefnyddio'r dynameit. Cofiaf dalp o graig yn disgyn drwy do cartref Mary Mills yn 3 Y Teros. Daeth honno allan wedi gwylltio a'r talp o graig yn ei llaw. Bygythiodd y byddai'n mynnu iawndal. Ymateb Murphy oedd,

'It's you that should be paying me, Mrs Mills. I've just supplied you with a skylight.'

Roedd y Gwyddelod wrth eu bodd yn y Bont. Caent groeso cynnes gan bawb; yn wir mae rhywbeth unigryw am y fro. Cofiaf, yn ddiweddarach yn y chwedegau, ddau ddwsin o dinceriaid yn ymsefydlu y tu hwnt i Ystrad Fflur. Yn hytrach na cheisio'u gyrru oddi yno, fe'u derbyniwyd yn gynnes a gwnaethant aros yn ein plith am dair wythnos. Gwyddelod oedd y rhain hefyd, aelodau o deulu Sheridan. A'r matriarch, yr hen Mrs Sheridan a fyddai'n rheoli'r criw, a hynny â dwrn dur.

Dros amser cinio fyddai gang Murphy ddim yn gadael eu safle gwaith. Na, bydden nhw'n cynnau tân, a ffrio bacwn, selsig ac wyau ar lafnau eu rhofiau yn yr awyr agored. Yn aml, wedi amser stop tap hwyr, cawn wahoddiad gan Murphy am fwg o goffi yn ei garafán y tu ôl i'r dafarn. Un noson roedd y basin siwgwr yn wag. Llwythodd Bill fy mwg â siwgwr eisin. Roedd y coffi mor drwchus, medrai'r llwy sefyll fyny ynddo heb gymorth.

Prif gontractwyr y cynllun dŵr oedd cwmni Dudley Boswell o Wolverhampton. Codwyd swyddfa dros dro, cwt pren, ar y Weun Galed wrth dalcen ein tŷ ni. Y gofalwr oedd Sam Davies, Rock Villa. Ei brif ddyletswydd fyddai gwneud te i'r staff o ddau. Un dydd roedd Sam yn absennol a chymerwyd ei le gan Tom Gwynfa. Dyma'r fforman yn cyrraedd ac yn cyfarch Tom,

'Well, I see that you're in charge today, Tom.'

A Tom yn ateb, 'Yes sir, I'm the tegil man today.'

Roedd hwn yn gyfnod cyffrous. Gyda'r FWA yn ddraenen yn ystlys yr awdurdodau, a'r Arwisgo ar y gorwel, byddai unrhyw gysylltiad rhwng Cymry Gweriniaethol a Gwyddelod yn creu amheuon ymhlith yr heddlu. Y noson y galwodd y ddau dditectif i'm holi ac i chwilio'r tŷ, roedd bom wedi ffrwydro ychydig ddyddiau'n gynharach ger argae Clywedog. Bu'r ddau yn chwilio drwy fy stafell wely. Ar y wal roedd gen i boster o Kevin Barry. Cymerwyd hwnnw gan y Prif Gop fel tystiolaeth bosib.

Ond gwaeth o lawer na hynny, roedd gen i ddau wn llaw, un yn hen relic diwerth o Ryfel Cartref Sbaen mewn cwpwrdd a'r llall yn un cwbl weithredol mewn drôr. Llwyddais i guddio'r un oedd yn y drôr drwy ei wthio'n slei bach dan garthen y gwely. Am y gwn arall, rwy'n gwbwl sicr i'r ditectif oedd yn archwilio'r cwpwrdd ei weld ond iddo gau ei geg. Er na wyddwn hynny ar y pryd, roedd y ditectif hwnnw'n genedlaetholwr da. Deuthum yn ffrindiau mawr ag ef rai blynyddoedd yn ddiweddarach. Ond wnaeth yr un ohonon ni erioed gyfeirio at y digwyddiad. Heb amheuaeth, fe wnaeth y ditectif hwnnw achub fy nghroen. Er mai dryll hynafol oedd yn y cwpwrdd, byddai ei bresenoldeb yn fy stafell, o dan y fath awyrgylch a fodolai ar y pryd, wedi bod yn ddigon i mi gael carchar am rai misoedd. Byddai canfod y llall wedi golygu blynyddoedd dan glo.

Dyddiau da oedd y rheiny ar ddechrau'r chwedegau yng nghwmni Murphy a'i gang. Bodolai cryn elyniaeth rhyngon ni, fechgyn y wlad a llanciau Aber. Cynhelid dawnsfeydd yn rheolaidd bob nos Wener pan ddeuai llond bws o hogiau'r dre i greu trafferthion. Âi'n ffrwgwd yn aml wrth i fois Aber geisio mynd bant â'n merched ni. Ond fe'u setlwyd un nos Wener wrth i ddynion Murphy eu waldio a'u llwytho'n gorfforol bob yn un yn ôl ar y bws. Chawsom ni ddim trafferth wedyn.

Un o'm ffrindiau gorau o blith y gang oedd Gwyddel o Lerpwl a adwaenwn fel Johnny. Roedd yn ddyn caled ond yn fachan hynaws iawn. Gadawodd Johnny ar ôl rhai misoedd a dim ond bryd hynny wnes i ganfod iddo dreulio saith mlynedd yng ngharchar am ddynladdiad. Roedd wedi dal ei wraig gyda dyn arall ac wedi ymosod arno a'i ladd.

Mae'n rhaid bod tueddiadau rebelaidd y Gwyddelod wedi dylanwadu ar ieuenctid y Bont. Daeth teulu o fyddigions i fyw i Ffair Rhos. Roedd y Major Rhydian Llewellyn yn hanu o deulu o uchelwyr Torïaidd yn cynnwys yr A.S. David Llewellyn a'i fab Syr Harry Llewellyn, a enillodd Fedal Aur ym Mabolgampau Olympaidd yr Haf yn 1952 ar gefn ei geffyl Foxhunter. Aelod arall o'r teulu oedd Roddy Llewellyn, mab Harry ac un o gariadon y Dywysoges Margaret. Roedd gwraig y Major, Lady Honor, yn aelod o deulu bonedd y Lisburnes o Blas y Trawsgoed.

Loes calon i nifer ohonon ni fyddai gweld rhai o werin y fro yn diosg eu capiau ym mhresenoldeb y teulu. Tybiem fod y fath ymgreinio wedi hen ddiflannu. Ond na, etholwyd y Major ar y Cyngor Sir. Mewn un cyfarfod, trafodwyd problem diboblogi. Awgrymodd y Major y dylid gwahodd mewnfudwyr o Bacistan a'r India i lenwi swyddi na fynnai Cymry lleol eu llenwi.

Un noson, a'r teulu i ffwrdd, ymosodwyd ar ei gartref, Brynreithin. Malwyd ffenestri gan achosi cannoedd o bunnoedd o ddifrod. Digwyddodd y 'Rebel Weekend' adeg Eisteddfodau Pantyfedwen 1968. Fe wnaeth hynny gymhlethu ymchwiliadau'r heddlu gan fod yna filoedd wedi ymweld â'r pentref dros y pedair noson. Canfuwyd y difrod ar y bore Sul ac roedd Cayo Evans wedi bod yn y pentre'r noson cynt yn chwarae caneuon rebel ar ei acordion yn y ddwy dafarn. Ond methwyd â'i gysylltu ef a'r FWA â'r difrod.

Yr hyn na wyddai'r heddlu oedd i'r ymosodiad ar y tŷ ddigwydd ar y nos Wener. Nid arestiwyd neb er mai Cayo oedd yn dal i gael ei amau. Ond na, roedd yr ymosodwyr yn llawer mwy lleol. Gwyddwn pwy oedden nhw. Ond wyddoch chi beth? Erbyn hyn, rwy'n methu'n lân a chofio'u henwau. Henaint, mae'n debyg.

Bu Murphy a'i ddynion yn cyd-fyw gyda ni yn y Bont am flwyddyn neu fwy. Aeth pedair blynedd heibio wedyn cyn i fi weld Bill unwaith eto. Yn Eisteddfod Y Drenewydd yn 1966 Roeddwn i'n yfed yn y *Bear*. Pwy oedd yno ond Bill Murphy. Roedd ef a'i gang yn gweithio ar gynllun dŵr Clywedog. Aeth yn noson fawr, a'r bar dan ei sang. Ac fe gawsom berfformiad o 'On Lonely Banna Strand' unwaith eto ynghyd ag ambell gân rebel. Yn y bar roedd rhyw bwysigyn bach mewn het bowler oedd yn anhapus iawn ag ymddygiad y Gwyddel gwyllt wrth iddo adrodd a chanu'r caneuon hyn. Bu'n ddigon ffôl i ddweud wrth Bill am dewi gan gyfeirio ato fel 'noisy bloody Irishman'. Ymateb greddfol Bill fu hitio'r dyn bach ar dop ei ben nes i'w het bowler ddisgyn dros ei lygaid. Cyrhaeddodd dau blismon. A dyma Murphy'n gafael ynof gerfydd fy ngholer a'm llusgo allan i'r stryd gan weiddi,

'Jayzus, let's do the honourable Irish thing! Run like hell!'

A dyna a wnaethom. Nid 'hell' ddywedod e mewn gwirionedd. Ond gwell peidio â manylu. Dyna'r tro olaf i mi ei weld. Wn i ddim i ble yr aeth o ardal y Drenewydd, ef a'i griw o gloddwyr. Clywais ychydig flynyddoedd yn ddiweddarach iddo farw. Roedd Brenin y Graig yn croesi'r ffordd i'r dafarn leol adre ym Mayo pan hitiwyd ef gan gar. O adnabod Murphy, gwell fuasai ganddo, petai wedi cael dewis, gyrraedd ei ddiwedd ar ei ffordd adre o'r dafarn â'i fol yn llawn.

Cofiaf iddo unwaith geisio esbonio wrtha i sut y byddai ef a'i ddynion wedi mynd ati i gloddio Canal Suez petaen nhw wedi cael y contract. O adnabod Murphy, synnwn i ddim nad ef a'i gang wnaeth ladd y Môr Marw cyn mynd ymlaen i gloddio'r Grand Canyon.

Hoffai Murphy atgoffa pawb mai dim ond un ysgyfaint oedd ganddo. Byddaf yn dyfalu'n aml pa mor wyllt fyddai'r gwron o Mayo wedi bod petai ganddo ddwy. Rwy'n amau'n fawr a fyddai'r dyn bach â'r het bowler y noson honno yn y *Bear* wedi byw i weld stop tap.

Bejayzus, na fyddai.

22

IW 1952

LLYTHRENNAU HAWDD I'W cerfio yw 'IW'. Dim ond pump o linellau byr a syml, un yn fertigol a phedair yn onglog. Roedd yr un a'i cerfiodd nhw'n ddigon byr ond ymhell o fod yn un syml. Roedd gan Iorwerth Williams neu Iori Bach feddwl mor finiog â'i gyllell, a byddai wedi mynd ymhell petai wedi defnyddio ffrwyth y meddwl hwnnw at amcanion mwy cadarnhaol yn ei fywyd.

Yn wahanol i Dic Bach, a enillodd ei lysenw eironig am ei fod yn anferth, un bach yn yr ystyr llythrennol oedd Iori. Trigai yn Nhŷ Newydd mewn ardal a enwir yn Ben Creigiau ar lan yr afon, tu hwnt i Ddôl Huwi fan draw. Ei rieni oedd Ned Cornwal a Bessie. Iori oedd yr unig blentyn er i'r teulu fagu, am gyfnod, ddwy ferch amddifad, Jean a Val.

Ie, un bach oedd Iori, un byr, blewog, tywyll ei wedd. Gallasai fod yn hanu o dras Iberaidd. Gellid yn hawdd ei gamgymerid am rywun o gyrion y Sierra Moreno yn hytrach nag un a anwyd wrth droed Pen-y-bannau. O'r cychwyn bu'n fympwyol ei natur, rhyw iâr fach yr haf na wnâi glwydo'n hir ar unrhyw flodyn. Na, anesmwythai'n fuan. Gwelai flodyn mwy lliwgar fan draw dros y clawdd, a ffwrdd ag ef. Gwibiwr oedd Iori. Ond nid gweld mannau gwyn man draw a wnâi chwaith. Gwelai fannau gwyn ac yna rhai gwynnach fyth. Ef oedd Del Boy ein pentre ni, hynny flynyddoedd cyn i John Sullivan greu ei gyfres glasurol, *Only Fools and Horses*.

Roedd Iori ymhell o fod yn ffŵl. Ond ffolodd ar geffylau – am gyfnod. O ran ei faintioli a'i bwysau byddai wedi gwneud y joci perffaith. Ac yn wir, roedd ganddo'r elfennau angenrheidiol.

Bu'n marchogaeth am gyfnod mewn rasys lleol a phetai wedi cael hyfforddiant cymwys gallasai fod wedi mynd ymhell. Ond eto, chymerai Iori mo'i hyfforddi gan neb.

Ymhell cyn i'r chwiw marchogaeth ei ddenu, daeth i amlygrwydd, yn grwt, fel chwibanwr. Medrai ddynwared cân aderyn yn berffaith. Arbenigai ar gân deryn du. Gosodai ddau fys, Tom Swclyn ei ddwy law yn ei geg, yna tynnai ei wefusau i'r naill ochr a'r llall, a chwythu. Ac allan deuai nodau pêr mwyalchen. Ef oedd Ronnie Ronalde y Bont, ac fe'i recordiwyd ar gyfer rhyw raglen neu'i gilydd ar y radio. Bu hefyd yn cynrychioli Ceredigion yn *Sêr y Siroedd*. O ganlyniad i'w ddawn gynhenid, gelwid ef gan bawb yn 'Birdie'. Ni châi ei ddawn fawr o werthfawrogiad gan Dic Bach. Pan soniodd rhywun wrtho am allu Iori i ddynwared adar, sylw swta Dic oedd,

'Trueni na wnaiff e ddynwared y gwcw, a hedfan bant i Affrica!'

Mynd a dod wnâi chwiwiau Iori. Bu'n rhedeg cŵn defaid. Bu'n garddio. Bu hefyd yn pysgota. Yn hynny o beth roedd ganddo'r fantais o fedru ymestyn stori. Trodd ei law at gneifio ac yn wir, dangosai gryn grefft yn ei driniaeth o'r gwellaif. Fel ei ewythr, Dai Cornwal, ystyrid ef ymhlith un o'r cneifwyr ŵyn gorau yn y fro. Yn anffodus, fel Dai eto, treuliai Iori fwy o amser yn hogi ei wellaif nag a wnâi'n cneifio.

Ond gwaith tymhorol oedd cneifio. Gwaith mwyaf rheolaidd Iori fyddai rhoi help llaw i wahanol ffermwyr y fro. Bu'n was ffarm am gyfnod sylweddol yn Llwyn-y-gog, lle cafodd bob gofal gan y teulu, yn wir, bu Mrs Phillips fel ail fam iddo.

Yna, yn sydyn, penderfynodd fod ganddo ddawn canu ac yn wir, roedd ganddo lais tenor digon swynol. Ar ôl iddo ennill gwobr yn y cwrdd cystadleuol lleol, a gynhelid yn Festri Rhydfendigaid bob nos Nadolig, doedd dim dal nôl arno. Aeth ati i feithrin ei ddawn drwy fynychu dosbarthiadau lleisiol.

Ei brif fentor oedd y gŵr a feirniadai yn y cwrdd cystadleuol cynta hwnnw, E D Jones, cyn brifathro Ysgol Gynradd Tregaron. Roedd E D neu Jonsi Bach yn gymeriad ffraeth a bywiog. Yn y cwrdd cystadleuol hwnnw, a gynhaliwyd yn y festri, y clywodd E D ef yn canu 'O'r Niwl i'r Nef'. Sylw'r beirniad y tro cynta hwnnw oedd,

'Iori, rwy'n ofni i chi fod fwy yn y niwl nag y buoch chi yn y Nef.'

Ond yn raddol, newidiodd pethe gyda naill ai Iori'n gwella yn ei berfformiadau neu Jonsi wedi dechrau tosturio drosto. Cymerodd Jonsi ef o dan ei adain, ac annog Iori i anelu'n uchel. Dylai ei uchelgais, meddai Jonsi, ymgyrraedd at ddim byd yn is na'r BBC, ar y radio neu'r teledu,

'Y BBC amdani, Iori. Dim llai. Cofiwch, Iori, buwch sy'n godro'n dda yw'r BBC.'

Felly, o'r dechrau, gosododd Iori ei olygon ar y brig. Yn wir, cyhoeddai ei nod yn rheolaidd ym mar bach y Blac.

'Watshwch chi, bois. Fi fydd y second Defi Lloyd, gewch chi weld.'

Ie, Defi Lloyd nid David Lloyd, sylwer. Câi rhywun yr argraff eu bod nhw'n ffrindiau mynwesol. A Defi Lloyd oedd y model yr anelai Iori at ei efelychu. Uchelgais ganmoladwy. Roedd ganddo gramoffôn â thri llun wedi eu gludo ar y clawr. Rhwng lluniau o Mary Hopkin a Tom Jones roedd llun o'r tenor o Drelawnyd.

Cododd Iori ei olygon o'r cwrdd cystadleuol lleol i'r eisteddfodau yn y gwahanol bentrefi o gwmpas. Fe'i cofiaf yn cystadlu ar yr her unawd yn Eisteddfod yr Eglwys yma yn y Bont. Y beirniad oedd y digymar Glynne Jones, arweinydd Côr Pendyrys. Yn ei feirniadaeth cymharodd Glynne yr unawdwyr i wahanol brydau o fwyd. Disgrifiodd un fel cafiâr. Un arall fel stêc. Yna daeth at Iori.

'Beth wnawn ni â hwn?' gofynnodd Glynne. 'Pa fath o wledd gawson ni gan Iori? Wel, yn syml, tatws a grefi.'

Ond doedd rhyw fân fethiannau'n poeni dim ar Iori a lledodd ei gylchdaith eisteddfodol. Yn Eisteddfod Trisant, dewis Iori oedd canu emyn ar y dôn 'Sarah'. Chwaraeodd y cyfeilydd, Terence Lloyd, linell ola'r emyn-dôn fel cyflwyniad. Ond dyma Iori'n gweiddi arno o'r llwyfan,

'Hei! Dim Sarah yw honna bachan! Sarah wi'n moyn!'

Daeth Iori'n ffigwr eisteddfodol poblogaidd, nid am ei ddawn ond am ei ddoniolwch anfwriadol. Yn y Llew Coch yn Nhregaron un noson roedd Iori wrthi'n brolio'i allu. Gofynnodd y barman, Les Lewis, iddo beth fyddai'r cam nesaf? Ateb Iori oedd ei fod am fentro i fyd yr opera, a'i fod eisoes wedi dysgu un gân Eidalaidd. Cynigiodd ei chanu. Disgynnodd tawelwch llethol dros y bar. Cliriodd Iori ei wddf. Diosgodd ei gap. Lledodd ei freichiau. Ymddangosodd gwên araul ar draws ei wyneb. Cododd ei ben yn uchel, ymestynnodd ei wddf fel y ceiliog ar ben domen. Caeodd ei lygaid fel petai mewn perlewyg. A chanodd.

'Strata ... ! Strata ... ! Strata ... !'

Ie, cân un gair oedd y clasur, wedi'i gosod ar un o donau dychmygol a byrfyfyr Iori ei hun. Daliodd ati am rai munudau yn canu 'Strata' a'r tancwyr yn y bar yn gorfod cnoi eu tafodau rhag chwerthin. Nid y câi gwawd unrhyw effaith ar Iori. Iddo ef byddai gwawd fel dŵr ar gefn hwyad. Pobol eiddigeddus oedd ei feirniaid a byddai'n gwbl fyddar i feirniadaeth a gwatwar. Onid ef, wedi'r cyfan oedd y 'second Defi Lloyd'? Doedd dim dadl am y peth. Ac fe wnâi'r gwawdwyr ei gymell fwyfwy i gredu hynny. Ac am resymau na ellir eu dirnad, trodd i fod yn eilun y llwyfan eisteddfodol.

Ond ei ddawn fwyaf oedd ei rym perswâd. Daeth twyllo pobol hygoelus yn ail natur iddo. Ni chredaf am funud iddo erioed fwriadu twyllo. Yn wir, mentraf ddweud na fedrai, hyd yn oed pe ceisiai, weld unrhyw beth o'i le mewn camarwain pobol hygoelus. I Iori doedd y gwir a thwyll yn ddim ond dwy ochr yr un geiniog. Hynny yw, fe'i câi hi'n amhosib gwahaniaethu rhwng celwydd a'r gwirionedd. Fel y dywedai Ianto John, roedd Iori'n medru dweud celwydd 'fel ci'n trotian'.

Dywedir i ŵr o'r enw Arthur Ferguson wneud ffortiwn ddechrau'r ganrif ddiwethaf drwy werthu Big Ben, Colofn Nelson a Phalas Buckingham i dwristiaid hygoelus. Roedd Iori'n ddisgybl teilwng iddo. Droeon byddai dieithriaid yn cyrraedd llidiart gwahanol ffermydd y fro, wedi derbyn gwahoddiad i ymweld â'r lle gan y 'perchennog', Mr Iorwerth Williams. Roedd y Mr Williams hwn wedi bod yn sgwrsio â nhw yn y Blac y noson cynt ac wedi'u gwahodd i alw unrhyw bryd. Ac, yn wir, wedi rhoi rhwydd hynt iddyn nhw bysgota neu saethu neu farchogaeth ar ei dir. Roedd Mr Iorwerth Williams yn ddyn cyfeillgar iawn. Dyn hael.

Medrai Iori adnabod ymwelwyr hygoelus o bell. Ar amrantiad, closiai atynt wedyn yn y bar gan eu swyno â'i straeon dychmygol, hynny'n denu peint ar ôl peint. Fe'i cofiaf un noson yn dal pen rheswm ymhlith rhyw griw o garafanwyr o Wallsall. Cathod oedd y testun, ac yn arbennig prinder cathod gwynion. Haerodd Iori mai dim ond dwy gath wen oedd yn y pentre. Ei union eiriau oedd:

'Me and my Uncle Dai are the only two whites in Bont.'

Uncle Dai oedd Dai Cornwal. Ond pe medrech anghofio'i gelwydd golau, doedd dim drwg yn Iori Bach. Celwyddau digon diniwed oedden nhw ac yn aml celwyddau cwbl ddiangen er yn rhai dyfeisgar serch hynny. Yn yr ysgol fach un tro cafodd ddamwain anffodus. Methodd gyrraedd tŷ bach y bechgyn, a safai ym mhen ucha'r iard, mewn da bryd ac fe lenwodd ei drowser. Aeth Williams y Sgwlyn ato'n llawn consýrn.

'Iorwerth, fachgen,' medde fe, 'beth yn y byd ddigwyddodd, Iorwerth bach?'

A Iori'n ateb fel ergyd o wn, gan roi'r bai ar ddisgybl arall.

'Nid fi wna'th e, syr. Dai Lloyd Jones, Rhydteifi wna'th e, syr. Wir i chi. A wedyn fe hwpodd e fe lan 'y nhroswer i!'

O ran gwaith, gadawodd ddyletswyddau gwas ffarm i fod yn un o Fois yr Hewl. Gweithiai mewn partneriaeth â Wil Jones, Tŷ Capel, gŵr fy chwaer Jini. Tyfodd y bartneriaeth rhyngddyn nhw'n ddeuawd chwedlonol. Nhw oedd Laurel a Hardy'r Bont. Fe'u gwelwyd un dydd yn gyrru drwy'r pentre, Wil wrth y llyw, gydag aradr eira ar flaen y cerbyd a honno wedi'i gostwng. Golygfa digon cyffredin yn y gaeaf, gallasech feddwl. Wel ie, pan fyddai eira'n cuddio'r ffordd. Ar y diwrnod arbennig hwnnw doedd dim pluen i'w gweld yn unman.

Ni welwyd erioed ddau mwy gwahanol eu hymddangosiad,

Wil yn slingyn tal, main fel pren pys a Iori'n bwtyn bach pitw, byrgam. Buasai Wil yn y fyddin ac yn brwydro yn yr Aifft lle bu'n negesydd motor-beic. Bu hefyd yn shôffyr, a hoffai frolio sut y bu iddo unwaith gario'r gantores Vera Lynn yng nghefn ei gar milwrol. Stori Wil oedd hon, er fe fedrwn i gredu Wil cyn credu Iori. Byddai celwyddau Iori'n glasuron ffuglennol. Gwnâi i Richard Nixon ymddangos fel paragon o eirwiredd.

Ond wnâi neb ddal dig wrth Iori Bach yn hir iawn. Yn wir, perthynai iddo ryw anwyldeb diniwed. Ar ôl colli ei rieni, Ned a Bessie, bu'n byw ar ei ben ei hun gyda dau neu dri o'i gŵn defaid. Ac ar ei ben ei hun y bu fyw am rai blynyddoedd. Wedyn fe benderfynodd rhyw swyddog pin streipiog o'r gwasanaeth lles na fedrai Iori Bach ofalu amdano'i hun ac fe'i danfonwyd i gartre'r henoed yn Aberystwyth, lle bu am sbel yn gyfan gwbl ar goll. Ond buan y canfu gynulleidfa hygoelus a newydd i'w swyno a'u drysu, a hynny yn nhafarn y Cŵps. A darganfu ddiddordeb newydd – pysgota môr. Âi allan mewn cwch yng nghwmni Tom Merchant a John Bryngolau. Ie, 'Three Men in a Boat'. Byddent wedi bod yn amgenach testun nofel i Jerome K Jerome.

Ac yno yn y wlad bell y bu farw Iori Bach. Bydd ei enw'n dal i godi'n aml mewn sgyrsiau hiraethus rhyngon ni, ei hen gyfeillion yn y Red neu'r Blac. Mae'n wir na chyrhaeddodd ei uchelgais o gael ei gydnabod fel 'y second Defi Lloyd'. Ond pwy sy'n hidio? Ef oedd y 'first Iori Bach'. Ni chafwyd ail iddo.

Mae e bellach yn ddwfn ym mhridd mynwent Ystrad Fflur i fyny'r ffordd, y fangre a fu'n destun ei anthem fawr,

'Strata ... ! Strata ... ! Strata ... !'

23

ME 1945

NHAD OEDD 'ME'. Dengys ei garreg fedd yn Ystrad Fflur iddo farw ym mis Awst 1962. Cerfiodd ei hunaniaeth yma ar y bont ac yntau ond yn 52 mlwydd oed. Er na wnaeth fanylu o ran yr union ddyddiad, roedd y rhyfel, o bosib, drosodd. Tybed ai'r digwyddiad hir ddisgwyliedig hwnnw a wnaeth ei sbarduno i dorri ei brif lythrennau a'r flwyddyn fan hyn?

Roedd rhieni Nhad wedi marw cyn i fi gael fy ngeni. Naddo, wnes i ddim erioed adnabod Tad-cu na Mam-gu Tŷ Newydd, Bronnant. Gwyddwn am rai o frodyr a chwiorydd Nhad, Wncwl Wil Aberdŵr ac Wncwl Tom Y Cnwc, Wncwl John Penblodeuyn, Anti Kate Llangeitho ac Wncwl Dan Bryncethin, nas gwelais ond rhyw ddwywaith erioed. Yr unig un a welwn yn rheolaidd fyddai Anti Esther, a drigai yma yn y Bont yn cario'r post ac yn cadw dwy fuwch. Adnabod teulu Nhad fel unigolion wnawn i'n hytrach na'u hadnabod fel aelodau o uned deuluol.

Ar y llaw arall roedd teulu Mam yn uned dorfol, hynny siŵr o fod am mai dim ond milltir o riw serth a wahanai'r Bont oddi wrth Dŷ Cefn, cartref Mam-gu yn Ffair Rhos. A Thŷ Cefn oedd pabell y cyfarfod i'r holl berthnasau ar ochr Mam. Mam-gu Ffair Rhos oedd Matriarch y teulu. Jên Williams hefyd oedd bydwraig y fro. Gyda hi trigai Anti Jên a'i mab, Meurig. Adnabyddid y ddwy Jên fel Jên Fowr a Jên Fach. Goroesodd y Fawr y Fach o chwarter canrif. Yn wir, bu Mam-gu fyw nes ei bod hi'n 102.

Dyn cymharol fyr oedd Nhad yn gwisgo het lwyd ar slant ar ei wegil. Tyfai fwstash sgwâr Hitleraidd fel stamp o dan ei drwyn. Am gyfnod bu'n smociwr cetyn. Weithiau gwnâi blicio afal i fi gan ddefnyddio'r un gyllell boced i blicio afal ag y gwnâi i garthu powlen ei getyn. Ar ambell funud atgofus byddaf yn dal i flasu sawr metalaidd llafn y gyllell yn gymysg â blas yr afal ar fy nhafod. Â'r gyllell honno, siŵr o fod, y gadawodd ei farc ar ystlys y bont fan hyn.

Un nodwedd o'i law dde oedd y lwmpyn solet ar y migwrn ar dop un o'i fysedd, sef Tom Swclyn. Canlyniad oedd hwn i ddamwain wrth fendio un o sbrings ei Ostin 7. Wrth iddo ymhél â hi, tasgodd y sbring yn ei hôl a'i hitio ar y migwrn. Yn rhyfedd iawn mae gen innau lwmpyn solet yn yr union fan er na fedraf gofio unrhyw anaf a allai fod wedi ei achosi.

Yn blentyn bach, tyngwn nad oedd Nhad yn bodoli o'i ganol i fyny. Yr unig ran ohono a welwn yn ymestyn allan o dan gorff y car fyddai'r rhan honno o'i ganol i lawr. O'i ganol fyny byddai'n anweledig. Gorffwysai'r Ostin bach â'i drwyn yn yr awyr ar ddau blancyn. Byddai pen y ddau blancyn yn pwyso ar gasgen er mwyn codi blaen y car yn ddigon uchel fel y gallai Nhad orwedd oddi tano. Gosodai ddau flocyn concrid y tu ôl i'r olwynion ôl i'w hangori'n ddiogel.

Pan na fyddai o dan gorff y car byddai hanner ohono o'r golwg o dan y bonet. Unwaith eto dim ond gwaelod ei gorff a welwn. Fe wnâi sgwrsio â fi fel petawn i'n fecanic profiadol. Deuthum yn gynefin â geiriau rhyfedd fel distribiwtor a charbyretor a phiston a phoints heb erioed ddeall eu hystyron na'u pwrpas. Deuthum hefyd yn gynefin ag ambell reg a godai wrth i Nhad daro'i ben yn erbyn to'r bonet neu hitio'i law â sbaner. A Mam yn ei atgoffa o ddrws y cefn,

'Morgan, cofiwch bod y crwt yn gwrando!'

Arolygwr ffyrdd oedd Nhad. Bu'n was ffarm yn ifanc, yna'n un o Fois yr Hewl cyn ennill dyrchafiad. Ymhyfrydai yn ei lwyddiant wrth godi i swydd uwch a'r ffaith iddo wneud hynny drwy ei ymdrechion ef ei hunan. I wneud iawn am ei ddiffyg addysg ffurfiol ymunodd â dosbarthiadau nos Gwenallt, ef a Dic Jones y Garej. Roedd Niclas y Glais yn ffrind mynwesol, ef a Nhad yn coleddu'r un tueddiadau Comiwnyddol. Heddiw byddai Nhad yn Gorbynista digyfaddawd.

Byddai gofyn iddo lenwi taflen amser yn wythnosol gan fanylu ar ei wahanol symudiadau dyddiol. Cofnodai'r cyfan ar y ffurflen binc yn llafurus â ffownten pen yn y parlwr bob nos Wener, yn Saesneg wrth gwrs, yn ôl y gofynion. Dro ar ôl tro gwthiai ei ben rhwng ymyl y drws a ffrâm y gegin ffrynt gan hyrddio cwestiynau'n ddiamynedd tuag ataf. Sut mae sbelian hyn? Sut mae sbelian peth arall? Minnau'n ateb, ond yntau'n ei chael hi'n anodd derbyn yr atebion.

'Wyt ti'n siŵr nawr?'

'Ydw, yn berffaith siŵr, Dada.'

Ac yn ôl yr âi yn anfoddog, yn amlwg heb ei ddarbwyllo'n llwyr.

Byddai rhai o Fois yr Hewl yn galw gyda'u taflenni amser eu hunain ar benwythnos fel y gallai Nhad eu harolygu. Un tro daeth crwt o'r pentre i fyny ar ei feic â thaflen amser Dic Hopkins, a yrrai stîm rolyr. Cyflwynodd y daflen i Nhad gyda'r geiriau,

'Teishmit Dic Hokpins!'

Byddai dyletswyddau Nhad yn golygu gyrru yma ac acw i ymweld â'r gweithwyr, rhai'n ofalwyr eu 'length', eraill mewn gang. Yn Nhregaron roedd y swyddfa a'r ganolfan leol. Treuliwn oriau'n teithio gydag ef yn blentyn yn yr hen gar Ostin 7 aillaw. Fedra i ddim cofio rhif cofrestru'r Ostin cynta hwnnw er mor aml y bûm ynddo. Bu Nhad mewn damwain gas ynddo ar Bont Einon rhwng y Berth a Thregaron a phrynodd un arall ail-law. Rhif hwnnw oedd EMK 12. Yna, tua 1956 prynodd gar oddi wrth Hugh Morgan, Tregaron, sef Ostin A30 sgleiniog du. Un newydd fflam.

Bob dydd Llun âi i fyny i'r brif swyddfa yn Aberystwyth ac yna, rhyw unwaith y mis galwai'r prif ddyn, rhyw Mr Norman Hinde, yn ein tŷ ni. Ar brynhawn dydd Mercher bob amser. Byddai Beti fy chwaer wedi paratoi ar gyfer ei alwadau gyda thân wedi'i gynnau yng ngrât y parlwr a'r fflamau'n goleuo llun Wncwl Dai uwch y silff ben tân. Taenid lliain gwyn dros fwrdd y stafell ffrynt ac yno y câi Nhad a'r Bos a Mam fwynhau te, bara jam a chacen yn ogystal â

darnau bach teironglog o gaws mewn papur arian. Dim ond
fisitors o bwys gâi wledda ar y manna meddal a wnaed gan
gwmni *St Ivel*.

Sais uniaith oedd Norman Hinde, a gŵr hynaws a bonheddig.
Byddai'r gweithwyr yn ymdrechu ymdrech deg wrth droi at yr
iaith fain pan ymwelai â nhw. Un o gymeriadau mawr Bois yr
Hewl oedd Dai Esgairwen, a drigai fyny yng Nghwmystwyth.
Un dydd galwodd Mr Hinde a Nhad i'w weld ar ei 'length'.
Roedd hi'n ddiwrnod braf a'r cachgwn yn hymian yn ddioglyd
o gwmpas bysedd y cŵn ar gyrion Plas yr Hafod. Cyfarchodd
Mr Hinde ef.

'Lovely day, David.'

'Yes, Mistyr Heins,' meddai Dai, gan bwyso ar ei raw. 'The
shitters are out in force today.'

Byddai ein tŷ ni'n dŷ galw rheolaidd i Fois yr Hewl. Galwai
'lengthmen' lleol fel Dafydd Ifans a George Edwards. Ar feic
y teithient, beic olwynion 28 modfedd yn achos yr hirgoes
Dafydd ond un ag olwynion 26 modfedd i George fyrgoes. Bron
yn ddieithriad byddai rhaw hirgoes, a adnabyddid fel Rhaw
Aberaeron, wedi'i chlymu wrth far beics y rhain.

Galwai rhai yn eu ceir, Wil Morgan o'r Berth a Jim Griffiths,
sef Jim y Rowl, a Ianto Evans, neu Ianto'r Lori o Dregaron yn
eu plith. Byddai cael bod yn un o Fois yr Hewl yn swyddogaeth
a ystyrid un gris yn uwch na bod yn was ffarm. Yn fynych
galwai gweision ffermydd y fro i ymbil ar Nhad am swydd, a
chanfu waith i amryw ohonynt.

Byddai cael swydd fel un o Fois yr Hewl yn golygu sicrwydd
gwaith hirdymor. Ar y llaw arall golygai y byddent yn destun
ambell jôc annheg. Mae hanesion ar draul Bois yr Hewl yn dal
yn chwedlau bro. Byddent yn gocynnau hitio parhaus, eu diogi
honedig yn ddiarhebol. Prif weinyddwr y criw yn Nhregaron
oedd y cymeriad mawr hwnnw, Eser Evans. Un tro derbyniodd
alwad ffôn oddi wrth fforman y gang leol.

'Eser,' meddai hwnnw, 'mae ganddon ni broblem. Ry'n ni ar
sgwâr y dre fan hyn ond dydi'r rhofiau ddim wedi cyrraedd.
Beth wnawn ni?'

Ac Eser yn ateb, 'Paid â gofidio. Pwyswch ar eich gilydd nes cyrhaeddan nhw.'

Roedd Nhad yn gapelwr ffyddlon, ninnau'r plant yn mynd gydag ef. Er ein bod ni'n deulu o 13 o blant a dau oedolyn, ni oedd â'r côr lleiaf yng Nghapel Rhydfendigaid. Cadwai Nhad lyfr nodiadau lle cofnodai mewn pensil piws destun pob pregeth. Mae hwnnw gen i o hyd. Mae yna hanesyn doniol am ddwy o'm chwiorydd, Jini a Nansi'n cyrraedd adre law yn llaw gyda Nhad wedi bod yn un o'r gwasanaethau a Mam yn rhoi prawf ar gof y ddwy. Byddai'r naill yn gwrando'n astud ar bob gwasanaeth, ond nid felly'r llall. Ac ar y pnawn Sul arbennig hwn dyma Mam yn gofyn,

'Beth ddwedodd y pregethwr, Jini?'

A Jini'n ateb, gan nodi'r bennod a'r adnod. Yna dyma Mam yn gofyn i Nansi,

'Beth arall wedodd y pregethwr, Nansi fach?'

A Nansi'n ateb yn siriol,

'Fe wedodd y pregethwr fod Dada ni'n edrych yn smart iawn.'

Un nodwedd o'r cartref oedd y cannoedd o lyfrau a gedwid yn y cwpwrdd cornel yn y stafell ffrynt. Pan ddeuthum yn ddigon llythrennog i fedru darllen treuliwn oriau'n sefyll ar fraich y soffa'n dewis a dethol gwahanol gyfrolau. Roedd yno bob testun dan haul gan awduron o Victor Hugo i Gwenallt. O Jac Oliver i Eifion Wyn. O Agatha Christie i Elizabeth Watcyn Jones. A'r llyfr cyntaf erioed i wneud i mi chwerthin, *Storïau'r Henllys Fawr* gan W J Griffith. Geiriaduron wedyn ac Enseiclopedias trwchus.

Pwrcasiadau dros y blynyddoedd oedd y llyfrau hyn wedi'u prynu er mwyn hybu ein haddysg, o'r hynaf i'r ieuengaf. Mam wnâi brynu'r llyfrau. Dim ond un llyfr wnaeth Nhad ei brynu i mi erioed sef *How to Box* gan Joe Louis. Câi dau Joe, felly, le o anrhydedd ym mhantheon Nhad. Yn gyfuwch â Joe Louis ar frig rhestr ei arwyr roedd Joe Stalin.

Byddai Nhad wrth ei fodd yn gwrando ar sylwebaeth bocsio ar y radio. Cawn weithiau aros ar lawr yn hwyr i wrando gydag e yn y gegin gefn. Daeth Bruce Woodcock, Randolph Turpin a Joe Baksi'n enwau cyfarwydd. A theimlwn fy mod i'n adnabod Eamonn Andrews, y sylwebydd a W Barrington Dalby, dyn yr 'inter-round summary' yn dda. Ond Joe Louis oedd arwr Nhad. Tra byddai pob Cymro arall yn mynnu i Tommy Farr gael cam gan y dyfarnwr pan gurwyd ef gan Louis yn Efrog Newydd yn 1937, doedd gan Nhad ddim unrhyw amheuaeth mai Louis oedd yr enillydd teilwng. Sosialaeth syml oedd credo Nhad, hynny'n cofleidio parch i'r dyn du, cynneddf a etifeddais.

Oherwydd cyfyngiadau ariannol, dim ond ychydig ohonon ni blant gafodd barhau yn yr ysgol dros y pymtheg oed. Enillodd Jini, fy chwaer hynaf, ysgoloriaeth. Ond bu'n rhaid iddi ei gwrthod am na fedrai Nhad a Mam fforddio i'w chadw yn yr ysgol. Bu amryw o'm chwiorydd yn gweini mewn siopau a chaffis yn Nhregaron, Llanbed ac Aberystwyth. Bu dwy yn docynwyr ar fysys Wil Lloyd ar siwrneiau rhwng y Bont a Llanbed. Bu un arall wedyn yn gysylltydd yng nghyfnewidfa deleffon Aberystwyth. Gadawodd dau o'm brodyr i weithio ar wahanol ffermydd. Trodd un arall at waith metel yng Nghasnewydd ac ymunodd un arall â'r Awyrlu gan dreulio cyfnod yn Awstria.

Y cynta ohonom fel plant i wneud unrhyw farc yn y byd academaidd oedd Gwen, y degfed plentyn. Enillodd gymwysterau a'i galluogodd i ddarlithio ar law fer a theipio. Y plentyn cynta i gael coleg fu Magi, yr unfed ar ddeg, a aeth i Goleg Hyfforddi Abertawe a mynd ymlaen i fod yn athrawes. Yna dyma fi'n ennill fy lle yn y Brifysgol yn Aber.

Mor falch oedd fy rhieni, Nhad yn arbennig. Minnau'n afradu fy amser yno ac yn gorfod gadael ar ben dwy flynedd. Nid oherwydd i fi fethu fy arholiadau. Y canlyniad, nid yr achos, fu methu arholiadau. Yr achos fu fy mhenderfyniad i beidio â thrafferthu mynychu darlithoedd ar wahân i rai Gwenallt. Ymgollais mewn dilyn band jazz y coleg. Bûm yn fynychwr hefyd o'r Clwb Bocsio. Yn wir, yn ffair Aberystwyth yn 1959 cefais fy hun yn ddyn cornel yn y bŵth bocsio i Fenwick 'Babe'

Ward, a fu'n ymarfer gyda phencampwr pwysau trwm y byd, Ingamar Johanssen.

Roedd hepgor darlithiau yn benderfyniad bwriadol ar fy rhan. Penderfyniad a wnaed mewn gwaed oer. Penderfyniad diedifar – nes i fi weld wynebau Nhad a Mam pan gyrhaeddodd y llythyr yn cyhoeddi na chawn ddychwelyd y flwyddyn golegol wedyn. Mewn breuddwydion byddaf weithiau'n dal i weld eu llygaid clwyfus. Yr hyn sy'n waeth yw y byddaf yn eu gweld weithiau, a minnau ar ddi-hun.

Bu farw Nhad tra oeddwn yn gynorthwyydd llyfrgell yn y coleg lle buaswn yn un o ddarpar raddedigion yr academia honno. Bu Mam fyw'n ddigon hir i'm gweld yn cychwyn ar yrfa newyddiadurol yn 1967, y swyddogaeth y bûm yn breuddwydio amdani ers fy mhlentyndod. Byddwn, mor ifanc â'r saith neu wyth oed, yn darllen y papur dyddiol wedi i Nhad orffen pori drwyddo gyda'i ginio. Y *Daily Herald* fyddai'r papur hwnnw'n ddieithriad. Breuddwydiwn am dyfu i fod yn Percy Cudliffe arall.

Do, llwyddais i blesio Mam. Ond bu farw Nhad cyn i fi lwyddo gwneud iawn am fy nihidrwydd ifanc. Wrth edrych yn ôl dydw'i ddim yn difaru'r un iot am daflu fy ngradd i'r gwter. Ond teimlaf euogrwydd 'fel mynyddoedd byd' am i Nhad orfod ffarwelio â fi cyn iddo fod yn dyst i'm ychydig lwyddiant.

Pan ymddeolodd Nhad, methodd yn lân ag addasu ar gyfer segurdod pentalar. Yn anffodus doedd ganddo fawr ddim diddordebau y tu allan i'w waith dyddiol. Ni allai oddef bod adre o gwmpas y lle yn cicio'i sodlau. Fe wnaeth barhau felly i yrru o fan i fan i sgwrsio â rhai o Fois yr Hewl a fu gynt yn rhan o'i rownd. Yn ei waith yr oedd ei fywyd. O'i ymddeoliad hyd ei farw buan, cyfnod llai na dwy flynedd, enaid coll mewn Ostin A30 fu Nhad. Bu farw'n 69 oed.

Mae'r crafiadau 'ME 1945' bron iawn â gwisgo i ffwrdd o wyneb y maen. Cyn hir byddant wedi diflannu'n llwyr. I'w gydnabod, Moc Ebenezer oedd yr 'ME' hwn. Ond i fi, Dada oedd e.

24

JWH 1958

MAE'N HWYRHAU, AC fe ddylwn droi am adre. Ond gan bwyll, mae yna un cofnod pwysig ar ôl. A rhaid chwilio am hwnnw. Dyma fe, tair llythyren syml a'r flwyddyn. Ie, 'JWH 1958'. Dyna'r flwyddyn pan es i'r coleg. Dim ond pellter o bymtheg milltir sydd oddi yma i Aber, er na allai'r bwlch deimlo'n fwy petai'n bymtheg mil o filltiroedd. Datodwyd y clymau. Llaciodd y llinyn ac ni fu pethe fyth yn hollol yr un fath wedyn.

Cofnod fy hen gyfaill John Wyn Huws yw hwn. Ie, Jac â'i gyllell boced wnaeth gerfio'r llythrennau a'r flwyddyn ar wyneb y garreg. Jac, fy nghyfaill agosaf adeg blynyddoedd ffurfiannol ieuenctid. Dim ond blwyddyn a'n gwahanai, blwyddyn a chwarter milltir. Yn ddaearyddol, dim ond Bryn Crach wnâi wahanu ei gartref ef yn rhif 3 y Teros a'n tŷ ni.

Ie, Jac a finne. Cymdeithion ar hyd llwybrau llencyndod. Fe wnaethon ni siario'n peints slei cynta gyda'n gilydd ar bnawn Sadwrn heulog o Awst. Ein hanner coronau'n llosgi yn ein dyrnau chwyslyd wrth i ni groesi'r bont cyn troi'n slei bach i'r chwith. Cnocio'n betrusgar ar ddrws cefn y Red Leion a pherswadio Edwin Foster, y tafarnwr rhadlon, i werthu i ni'n llechwraidd fflagon o seidir yr un. Dwy o fflagons chwart boliog brown a llun cnocell y coed lliwgar ar draws y boliau hynny.

Gwyddai'r hen Edwin yn dda fod y ddau ohonon ni o dan oedran cyfreithiol yfed. Ond gydag winc fach slei o dan gantel yr het ar lechwedd ei wegil, ac un arall dros ei ysgwydd rhag ofn bod ei wraig, Lisi Ann, o gwmpas y lle, gwthiodd y fflagons, wedi'u lapio mewn tudalennau o'r *Welsh Gazette*, i'n dwylo awchus a diamynedd. Winc fach gyfrinachol arall wedyn a hymian, yn honedig ddidaro, dôn 'Sonny Boy' cyn cau'r drws yn ysgafn ar ein holau. Yna, ninnau'n croesi'r iard tuag at lan yr afon a llowcio'r seidir melyn yn y dirgel o dan y bont wrth fôn Coeden Sacheus fan hyn. Bron y medra i flasu sawr yr afalau ar fy nhafod nawr. Seidir ddoe cyn iddo droi'n wermod.

Wedi i ni wagio'n poteli, fe wnaethon ni eu hail-gapio a'u lansio nhw yn yr afon a'u gadael i arnofio'n araf i lawr gyda'r llif, er bod yna ad-daliad o chwech cheiniog yr un am eu dychwelyd i Edwin. Eu gwylio'n dowcio lan a lawr gyda'r cerrynt cyn diflannu o'n golwg gyferbyn â Phlas-y-Ddôl. Yna'r ddau ohonon ni'n gorwedd yn yr haul ar y geulan i feddwl a thrafod ffwtbol a merched. Merched a ffwtbol. A'r seidir wedi llacio'n tafodau. Syllu i'r glesni diderfyn uwchben a rhannu cyfrinachau. Dim byd i dorri ar y tawelwch ond hymian dioglyd cachgi bwm ym mysedd y cŵn a mwmian isel yr afon. Tyngu na wnaem ni fyth bythoedd wahanu na gadael y pentre. Ceisio dyfalu, nawr ac yn y man, pa mor bell, tybed y cyraeddasai'r ddwy fflagon wag?

Effaith y seidir yn rhyddhau'n hatgofion a llacio'n tafodau fwyfwy. Cofio'n cariadon cynta. Carwriaethau aflwyddiannus ac unochrog, wrth gwrs. Mae'r atgofion heno'n llifo fel yr afon islaw. Cofio Jac a finne ar gnwc Tŷ Mawr gyda chriw o ferched, yn cuddio yn yr hen furddun rhag llygaid busneslyd a chraff Meri Felin. Ac yno y gwnaem chwarae 'Truth, Dare or Promise'. A Lis y Teros fel reffarî yn cadw trefn ar bethe. Lis oedd ein Marjorie Proops ni, bobol ifanc y pentre. Roedd Lis yn deall materion serch yn well na ni. Roedd hi'n darllen cylchgronau merched. A hi fyddai holwraig y gêm. Rhaid fyddai i ni, yn ein tro, ateb cwestiwn, derbyn her neu addo cyflawni rhywbeth. A hi fyddai'n pennu'r tasgau.

Yn ein cyfrwystra, ychwanegodd Jac a finne bedwerydd dewis i'r gêm sef 'Must'. A hwnnw fyddai ein dewis mwyaf poblogaidd ni'n dau. Canlyniad y 'Must' fel arfer fyddai ennill cusan lletchwith gydag un o'r merched. A hwythau wrth eu boddau yn chwarae â'n teimladau fel y gwna pysgotwr wrth chwarae â physgodyn ar fachyn. Wedyn, eto fel unrhyw bysgotwr cydwybodol wedi bachu pysgodyn rhy fychan, cael ein taflu nôl fyddai'n tynged. Ac adre â nhw wedyn fraich ym mraich, Janet ac Elinor, Meira a Mari Jean, Gwenda a Greta a Lis gan ganu'n ddidaro un o anthemau pop y dydd:

> Bye-bye love,
> Bye-bye happiness,
> Hello emptiness,
> I think I'm goin to die;
> Bye-bye my love, bye-bye ...

Gwrandawem ar eu lleisiau'n distewi'n raddol wrth iddyn nhw groesi'r bompren am Ben Creigiau ac adre. Ninnau'n dilyn o hirbell.

> ... Bye-bye, happiness,
> Hello, loneliness ...

Bant yr aeth y merched bob un i dorri calonnau eraill. Yna priodi a dod yn famau a neiniau. A bant maen nhw wedi bod byth ers hynny ar wahân i Lis, sydd bellach adre ar ôl bod bant am flynyddoedd. A Meira brydferth benfelen, a fu farw'n fam ifanc ac na ddaw byth yn ôl.

Un peth sy'n taro rhywun wrth syllu ar y llythrennau a'r rhifolion fan hyn yw absenoldeb unrhyw gerfiadau gan ferched. Ond dydi hynny ddim yn syndod. Fyddai merched ddim yn cario cyllyll poced. Ddim bryd hynny, o leiaf. Doedd dim angen cyllell ar ferch i dorri calon.

Oedd gan ferched hyd yn oed bocedi, dwedwch? Byddai cyllell ac iddi ddwy lafn, ar y llaw arall, yn rhan annatod o froc môr pocedi unrhyw gryts gwerth eu halen. Yn ogystal â'r gyllell byddai hances poced fudur, darn o gortyn beinder, whisl bren ac, os yn lwcus, pishyn chwech sgleiniog i brynu owns o Lycrish Drops – Caca Llygod Bach i ni – yn Siop Nansi Arch a chael pisyn tair euraid ac onglog yn newid. Ie, Nansi Arch

163

a oedd, fel Hen Fenyw Fach Cydweli yn gwerthu losin du. A'r un mor hael â honno gan roi mwy nag owns i fi bob tro. Salon gwallt yw siop Nansi Arch heddiw.

Bu Jac a finne'n ffrindiau ers dyddiau ysgol. Fe wnaethon ni chwarae ffwtbol gyda'n gilydd am y tro cynta dros dîm pêl-droed y Bont, Jac yn sentyr haff a finne'n sentyr fforward mewn gêm yn erbyn myfyrwyr Coleg Aber. Colli wnaethon ni o ddwy gôl i un. Ond fi wnaeth sgorio unig gôl y Bont.

Aeth Jac a fi gyda'n gilydd i'n Heisteddfod Genedlaethol gyntaf, yng Nghaernarfon yn 1959 – bodio, a chymryd Sul cyfan i gyrraedd. Wnaethon ni ddim unrhyw drefniadau cysgu. Hen niwsens fyddai cwsg bryd hynny. Cawsom le mewn pabell anferth a godwyd tua chwarter milltir o Faes yr Eisteddfod ar gae rhyw ffermwr. Ei pherchennog oedd yr adroddwr Glyndwr Jenkins o gyrion Llannon. Yn siario gyda ni roedd yr adroddwr a chymeriad adnabyddus arall, Peter Goginan. Yn wir, ar un adeg bu rhyw wyth ohonon ni'n siario'r babell.

Eisteddfod Caernarfon 1959 fu un o uchafbwyntiau cymdeithasol fy mywyd. Yno y cwrddais gyntaf â chewri llên fel Cynan, Caradog Prichard ac Islwyn Ffowc Elis, a llwyddo i gael eu llofnod. Yn ddiweddarach, fel gohebydd gyda'r *Cymro* deuthum i'w hadnabod yn bersonol. Ac yn nhafarn y Black Boy yn Steddfod Caernarfon fe wnes i siario peintiau a gwrando ar chwedlau newyddiadurol gan newyddiadurwyr chwedlonol fel Keidrych Rhys a Robin Day.

Yno hefyd bu Jac a minnau ceisio sgorio gyda dwy ferch leol. Fe hebryngodd Jac y ferch o Gwm y Glo un ffordd a finnau'r ferch o Gofi go iawn y ffordd arall. Pan wnaethon ni ail gyfarfod gryn ddwyawr yn ddiweddarach bu'r ddau ohonon ni'n brolio'n campau rhywiol. O fewn munudau i ni wahanu'n ddau bâr, fe wnaeth y ferch oedd gen i ei hesgusodion a diflannu. Bûm wedyn mewn gwahanol dafarndai yn lladd amser ac yn paratoi hanesion dychmygol am fy 'llwyddiannau' i'w brolio wrth Jac yn y babell hyd oriau mân y bore. Yn ôl tystiolaeth Jac, cawsai ef noson a hanner gyda'r ferch o Gwm y

Glo. Teimlwn yn eiddigeddus ohono. Dim ond flynyddoedd yn ddiweddarach y gwnaeth Jac gyfaddef mai methiant llwyr fu ei fenter ramantus yntau.

Fe wnawn alw'n rheolaidd gyda Jac a'i rieni, Dai a Magi a'i frawd Ifan yn eu cartref yn y Teros. A Pero'r ci, rhaid cofio am hwnnw. Treuliodd Jac a finne hydoedd yn sefyllian fan hyn ar ben y bont ac o dani yn trafod, ie, ffwtbol a merched, merched a ffwtbol. Nes daeth dyddiau coleg i'n gwahanu. I Gaerfyrddin yr aeth Jac, flwyddyn wedi i fi adael am Aber. Cafodd swydd athro wedyn yng Nghaerdydd cyn cael ei benodi'n athro chwaraeon a Chymraeg yn Nolgellau. Priododd a daeth yn dad balch. Ond gwelem ein gilydd yn achlysurol pan ddigwyddai'r ddau ohonon ni fod adre ar dro ar yr un pryd, mewn angladdau yn bennaf.

Fe wnaeth Jac a finne dyngu llw unwaith ar ben y bont fan hyn. Tyngu wnaethon ni y bydden ni'n ffrindiau am oes. Â'n cyllyll poced torasom archoll fach ar ein bodiau de a gwasgu'r crafiadau hynny at ei gilydd fel y gallai ein gwaed gydgymysgu. Sbardunwyd y syniad gan ffilm a welson ni yn Neuadd yr Eglwys, hanes cowboi ac Indiad yn tyngu llw o gyfeillgarwch mewn gwaed cynnes. *Broken Arrow* oedd y ffilm a'r cowboi a'r Indiad oedd James Stewart a Jeff Chandler. Diweddglo trist fu i'r hanes hwnnw hefyd.

'Ti'n llefen, Jac?'

'Nadw. Hen wybedyn wedi mynd i'n llygad i, achan.'

'A finne. Dyna beth od. Mae'r blydi gwybed 'ma'n bla, achan.'

Do, daethom yn frodyr yn y gwaed. Ond ni welwyd brodyr mwy gwahanol erioed. Safai Jac bron yn chwe throedfedd, ei wallt yn ddu fel y frân. Finnau gryn wyth modfedd yn fyrrach, a'm gwallt golau eisoes yn teneuo. Ie, gwahanu wnaethon ni, er ymhen blynyddoedd, daeth y ddau ohonon ni adre. Fe ddychwelodd Jac yn ddyn ifanc mewn arch i oedi yma am byth gan adael gweddw a merch yn Nolgellau. Yn ôl rwyf finne bellach. Ac yma bydda i mwy. Ond heb Jac. Mae ei waed wedi hen oeri a churiadau fy ngwaed innau braidd yn herciog erbyn hyn. Mae'r marc a dorrais ar fy mawd, fel amryw o'r cerfiadau ar y bont, wedi hen gilio.

Ond dal i lifo wna'r afon, fel y gwna'r atgofion. A phara i lifo hefyd wna'r cwestiynau. Ble, erbyn hyn, tybed mae'r ddwy fflagon a daflodd Jac a finne i'r afon drigain mlynedd yn ôl? Wnaethon nhw, tybed, gyrraedd y môr erbyn hyn? Neu a wnaethon nhw wrthod gadael? Ydyn nhw, tybed, yn dal i din-droi mewn trobwll? Ydyn nhw'n dal i dowcio yn eu hunfan mewn merddwr dan y ceulannau rhywle tu hwnt i'r bont yng nghyffiniau Dôl Cefngaer?

Cwestiwn ar ôl cwestiwn. Atgof yn dilyn atgof. Ond mae'r afon fel tai'n mwmian canu'n ddihidio. Mwmian a dal i lifo mae hi gan feindio'i busnes ei hunan. Fydd afonydd byth yn siario'u cyfrinachau, dim ond clustfeinio'n slei bach ar atgofion pobl eraill. A mwmian canu'n ddi-baid.

> Bye-bye, love,
> Bye-bye, happiness,
> Hello, loneliness ...

Dŵr dan y bont

Hon ydyw'r afon ond nid hwn yw'r dŵr...
'Ymson ynghylch Amser', R Williams Parry

MAE'R CANLLAW SYDD uwchlaw Pwll Du yn ymestyn bron iawn ddau can llath. O un pen i'r llall fe red rhigol hir, droellog ar ei hyd fel llinell ar fap. Pwy roddodd gychwyn arni, fedr neb gofio erbyn hyn. Cyfrannodd amryw o blant a llanciau'r pentre at ymestyn y rhigol wedyn dros y blynyddoedd, fodfedd wrth droedfedd wrth lathen. Medrid ei chanlyn unwaith â blaen bys, y llinell yn ymestyn yn droellog o garreg i garreg.

Heno, er bod Lleuad Fedi'n dal yn olau, prin y medrech ddilyn y rhigol o gwbwl heb graffu'n fanwl. Yn wir, diflanna'n llwyr yma ac acw. Hon oedd ein *Burma Railway*. Clywsem amdani yng ngweithdy Jac Defi'r crydd. Roedd y *Burma Railway* yn rhan o chwedloniaeth y rhyfel, hanesyn a adroddid gan y milwyr hynny a ddychwelodd o'r drin, yn y gweithdy ar y sgwâr ambell fin nos. Gwelsom y ffilm *Bridge on the River Kwai* wedyn yn Neuadd yr Eglwys, a dysgu chwibanu 'Colonel Bogey'. Dysgasom hefyd eiriau masweddus i'w canu ar y dôn. Daeth Alec Guinness yn arwr. Am ryw reswm anesboniadwy daeth ein *Burma Railway* i gael ei hadnabod yn ddiweddarach fel y *Burma Road*. Ond stori arall am ffordd arall mewn rhyfel arall oedd honno.

Fel y llinell igam ogam ei hun, fe wnâi'r hanesion ymestyn hefyd o'u hadrodd a'u hail adrodd gan gyn-filwyr fel Twm Plas-y-Ddôl a Sam Gof. Gwyddem i Jim Glangors fod yn uffern Burma. Ond cyndyn iawn fyddai Jim i sôn am hynny. Roedd rhai na fu yno'n fwy parod i godi bwganod. Yng ngolau fflam grynedig cannwyll y crydd, cyrcydai bwystfilod rheibus yn y corneli tywyll, yn ddrychiolaethau ac angenfilod. Ar fy ffordd adre dros Fryn Crach dychmygwn weld Jap yn cuddio wrth bob camfa, a Jyrman yn cyrcydu wrth bob llidiart.

Yn achos hanes y *Burma Railway*, y Japs fyddai'r drychiolaethau. I ni, doedd hyd yn oed y Jyrmans ddim mor flagardus â'r rhain. Ac mae ein *Burma Railway* ni'n dal i redeg, yn ysbeidiol bellach, o dalcen gardd Meurig House gyferbyn â'r Red Leion bron iawn at garej Huw Bach. Ar ei ffordd mae hi'n dolennu heibio Dôl Huwi. Gynt, unig nodwedd Dôl Huwi fyddai'r un daffodil sengl a ffrwydrai ar ei chanol bob gwanwyn fel fflam felen yn y gwyrddni yn cyhoeddi angladd y gaeaf. Heddiw mae'r blodyn o dan goncrid a tharmac, a stad o dai unffurf sy'n swatio yno fel blociau *Lego* unlliw, llwyd.

O feddwl am y *Burma Railway*, synnwn i ddim nad oes yma, ymhlith y crafiadau, lythrennau a gerfiwyd gan filwyr a ddaeth i'r fro o bellter byd. Do, bu dwsinau o filwyr Americanaidd yma'n paratoi at 'D Day'. Gwersyllai rhai ddau led cae o'n tŷ ni ar Weun Blaenddôl. Fe fyddwn i'n dianc weithiau dros y ffens i'w gwylio'n ymarfer nes cyrhaeddai un o'm chwiorydd i'm llusgo adre. Weithiau byddai pecyn o gwm cnoi yn dynn yn fy llaw.

Ceisiodd un milwr, a ddaliai lun plentyn tua'r un oed â fi yn ei law, fy nhemtio i'w gôl gan gynnig i mi ffownten pen fel abwyd. Gwrthodais. Gadawodd y milwyr yn sydyn un noson a ddaethon nhw byth yn ôl. Na, fe'u lladdwyd bob un ar Draeth Omaha yn Normandy. Mewn hunllefau, gwelaf wyneb y milwr hwnnw o hyd, â dagrau'n cronni yn ei lygaid. Ni fedraf faddau i mi fy hun am wrthod cwtsh. Teimlaf yn euog o hyd am wrthod rhoi cysur i'r milwr tal na ddychwelodd adre at ei blentyn bach.

Mae'n rhaid bod cofnodion yma gan rai dieithriaid eraill, yn eu plith rhai o'r faciwîs a ddaeth i'r ardal tua'r un adeg â'r Americanwyr. Dewisodd rhai ohonyn nhw beidio â bod yn ddieithriaid gan benderfynu aros yma. Gwn fod 'EG' yma'n rhywle, sef Eric Green, a gafodd freichiau parod i'w gynnal ym Mryntirion gan Jac a Mary Jincins. Aros wnaeth ef a'i chwaer Thelma, a gymerwyd gan Ifan ac Elizabeth Hughes, Llwyngwyddil. Cafodd Ethel Terry hithau gartref cynnes yn Y Lôn gan Jim a Peg Hughes yn ogystal â Margaret Palmer wedyn yn Arosfa gerllaw gyda Ben a Marged. Fe gafodd dwy, Phyllis a Reene, loches ar ein haelwyd ni er ein bod ni eisoes yn dri-ar-ddeg o blant. Saeson bach oedd y rhain i gyd, plant a gafodd loches yn y pentre rhag y bomiau yn Lerpwl, Saeson uniaith a drodd yn Gymry glân, bron iawn dros nos.

Un arall oedd Billy. Wn i ddim beth oedd ei gyfenw. Fe gafodd gartref dros dro gan Dic a Siw Jones yn y Teros. Rwy'n cofio chwarae ar lan yr afon o dan y bont fan hyn gyda Billy. Roedd ganddo degan arbennig, awyren goch, sgleiniog, model perffaith o *Sunderland S25*. Awyren amffibian oedd honno, a allai lanio ar ddŵr. Roedd gen innau awyren, un wedi ei cherfio'n amrwd gan Nhad â'i gyllell boced allan o ddau ddarn o bren sbâr o'r sied. Roedd un darn yn llunio'r corff a'r llall yr adenydd ac yna fe'i peintiodd yn oren. Teimlwn yn eiddigeddus. Billy a'i awyren fetel y medrai ei weindio. Honno wedyn yn rhedeg ar olwynion ar hyd llyfnder tywodlyd glan yr afon o'i rhan ei hun a'i phropelyr yn troi, tra roedd fy awyren bren i'n gwbl lonydd. Yna dyma ni'n penderfynu gosod ein hawyrennau ochr yn ochr ar wyneb y dŵr. Fe hwyliodd fy un i'n ddidrafferth ar gerrynt araf yr afon. Fe suddodd awyren Billy. Pwdodd, a rhedodd adre'n beichio wylo. Nôl i Lerpwl y dychwelodd Billy ar ddiwedd y rhyfel a hynny heb ei awyren goch.

Ar wahân i John Isaac, a fu farw yng Nghanada bell, Bill Murphy ym Mayo ac Wncwl Dai yn Bethune, mae enwau bron y cyfan a adawodd eu marciau fan hyn i'w gweld hefyd yn llawn, uwch cofnod blwydd eu geni a blwydd eu tranc mewn llythrennau aur ar wynebau meini llyfnach filltir i ffwrdd. Does fawr o wahaniaeth bellach rhwng arwyddocâd cerrig canllaw'r bont a rhai o gerrig beddau'r fynwent. Mae'r un hen Leuad Fedi'n siŵr o fod yn goleuo'r rheiny hefyd heno. Ac mae'r efeilles sy'n sbïo arna i o waelod Pwll Du yn crechwenu arna i. Mae fel petai hi'n edliw,

'Gwna'n fawr o dy amser, 'ngwas i. Fe fyddi di gyda nhw toc.'

Y fath haerllugrwydd! Onid ydi hi'n sylweddoli fy mod i eisoes yn eu plith yn y fan hyn? Ŵyr hi ddim mai fi yw'r 'LE' yn 'LE – JJ 1963 XXX', a bod LE a JJ wedi priodi chwe blynedd yn ddiweddarach ac yn dal i fod yn briod.

Ond peidiwch â dweud hynny wrth y wep grynedig sy'n fy ngwawdio islaw'r bont. Gadewch iddi foddi yn ei thwpdra. Fe all cariadon farw. Fe all cyfeillion farw. Ond dyw hi ddim yn sylweddoli y gwna cariad a chyfeillgarwch bara hyd dragwyddoldeb. Gall cerfiadau mewn carreg, boed honno'n garreg ganllaw neu'n garreg fedd, bylu dros amser. Ond fe wna'r meini adrodd eu hanes hyd yn oed wedi i'r llythrennau eu hunain hen ddiflannu. Hyd yn oed petai'r meini llwydion hyn yn chwalu'n falurion llwch, byw fydd yr enwau. A byw fydd y cof amdanyn nhw tra bydd rhai ohonon ni'n dal ar ôl.

Ond sbïwch, mae mwy o sêr allan erbyn hyn yn troelli o gwmpas y ddwy leuad, rhai'n gryndod yn yr awyr, eraill yn dawnsio'n aflonydd yn y dŵr. Yng ngwawl sêr yr awyr daw'r cerfiadau'n gliriach fyth, fel olion traed brain mewn haenen o eira. Fe wna i oedi yma am sbel fach i'w darllen unwaith eto. I'w hanwesu â blaenau fy mysedd. I wrando ar eu lleisiau fel rhyw oslef neu islef yn gymysg â murmur soporiffig y dŵr. Ac i gofio.

Mae yna gymaint o atgofion. Codant, heidiant o gwmpas fel y gwenoliaid a arferai nythu yma bob gwanwyn o dan y bont. Gwibio, cyffwrdd adenydd a gwahanu. Un diwedd haf fe wnaeth y gwenoliaid hedfan bant a ddaethon nhw byth yn ôl wedyn.

Ond yn ôl y daw y rhain. Atgof ar ôl atgof yn cylchdroi ac yn cyd-gyffwrdd ac yna'n ail-wahanu. Cwmwl cymysglyd o atgofion yn deilchion mân, driphlith draphlith. Rheiny'n troi'n wyneb ar ôl wyneb ac yn disgyn yn gawodydd i'r dŵr fel dail hydrefol Coeden Sacheus gynt. Treiglant fel glöynnod byw cyn glanio'n gusanau ysgafn ar wyneb y dŵr. Yn gymysg â'u siffrwd clywaf lais ar ôl llais, yn gwestiwn ar ôl cwestiwn. A'r hen afon yn dal i lifo gan eu cipio i ffwrdd yn ei llif. Sisial yn dawel wna hi o hyd. A gwrando. O'r meini y daw'r lleisiau.

Fe wna i oedi yma am sbel eto i wrando ac i gofio. I gofio ac i wrando. Rwy mewn cwmni da. Does dim brys. Yn wir, mae gen i drwy'r nos gyfan. Ac mae fory'n dal yn ddalen lân, yn faen llyfn, heb na marc na chofnod ar ei wyneb...

DYDDIADUR

DEWI
LLWYD

PAWB A'I FARN

£9.99

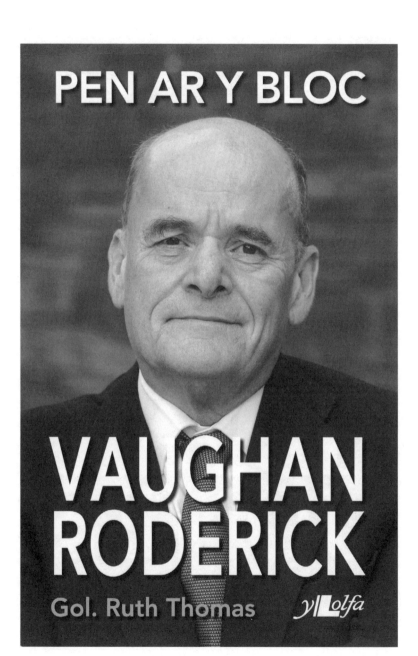

PEN AR Y BLOC

VAUGHAN RODERICK

Gol. Ruth Thomas

y Lolfa

£14.99

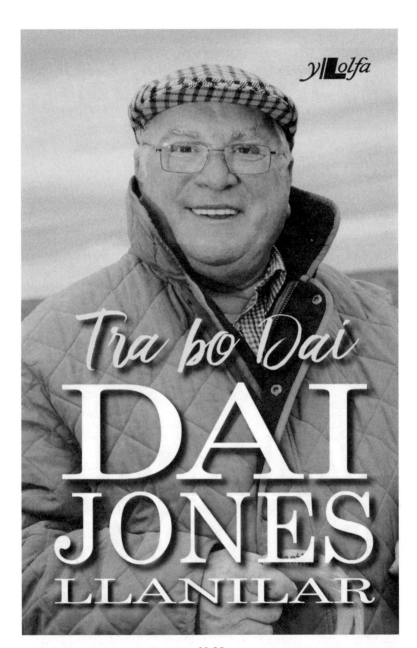

Tra bo Dai

DAI
JONES
LLANILAR

£9.99

y Lolfa

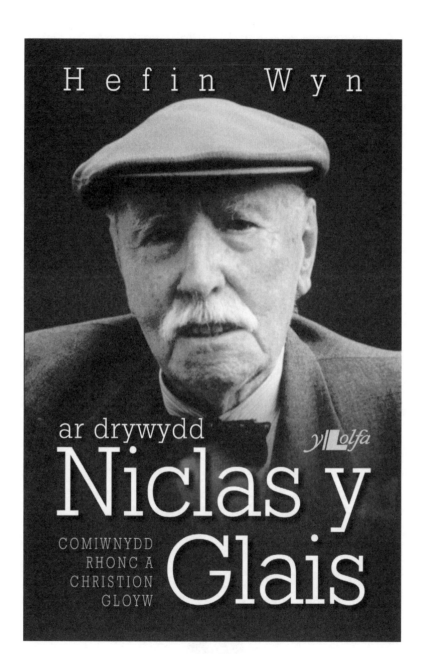

Hefin Wyn

ar drywydd

Niclas y
Glais

COMIWNYDD
RHONC A
CHRISTION
GLOYW

y Lolfa

£14.99

Am restr gyflawn o lyfrau'r Lolfa, mynnwch
gopi am ddim o'n catalog
neu hwyliwch i mewn i'n gwefan

www.ylolfa.com

lle gallwch archebu llyfrau ar-lein.

TALYBONT CEREDIGION CYMRU SY24 5HE
ebost ylolfa@ylolfa.com
gwefan www.ylolfa.com
ffôn 01970 832 304
ffacs 832 782

Holwch am bris argraffu!
01970 832 304